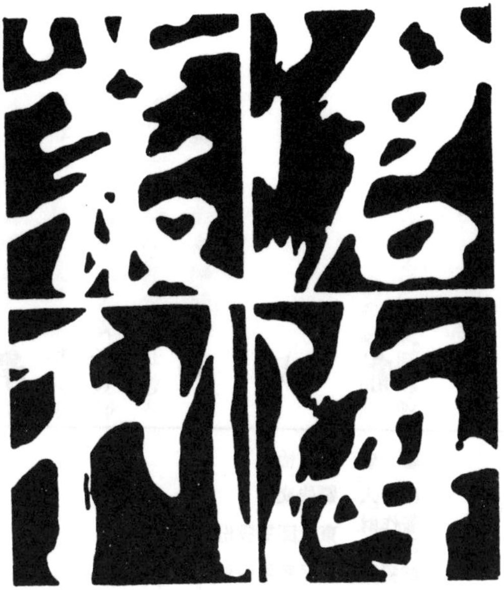

中庸誠的哲學

吳 怡著

東大圖書公司印行

雖然意境高妙，但在人生實用方面仍然有所不及。因爲禪和老莊的中心旨趣，在於爲人類消除由欲望而產生的煩惱，可是人生的意義不只是爲了解脫煩惱而已，還有許多積極的目標，有待完成。雖然禪宗也說煩惱卽菩提，但其目的仍然是在於擺脫煩惱；可是人生有許多事情却無關於煩惱，對於家庭及社會的人際關係，縱使禪道兩家並不全然否定，但總是欠缺指導。譬如家庭生活中固然有很多麻煩，然而爲了生命的延續不能不結婚，也不能不生兒育女。有了兒女之後，我們不能一味採取禪道的作法，只求自我的逍遙自在，我們必須教育子女，而且要以身作則。可是在這些方面禪道却是有所不及的。舉個例子來說，當我在撰寫論文時，孩子們吵得我無法執筆，如果以禪和道的作法，我可用「定」的方法使心不受外物所擾，而能繼續寫作，或者我可以買些玩具讓他們去玩，使他們靜下來。前一個方法，求自己之「定」，這是偏於禪的方法；而後一個方法，使他們有玩具可玩，轉移了目標，這有點像道家的自尋樂趣。但對於子女我却不能只限於兩這種方法，因爲我還須教他們如何待人接物，否則他們雖然也能長大，但却不能成人（成就人格）。而在這方面却是禪和道所忽略的，只有求之於儒家。由於這一想法，所以我便決定改寫儒家方面的論文，幾經考慮，最後便選定了研究中庸的誠字。

我這篇論文主要是從思想方面作研究，由於我把研究的範圍限定於中庸一書，因此對中庸一書的作者及成書年代不能不有一個交代。但我既不精於考據之學，而且關於成書的問題古今聚訟，都沒有定論。我覺得對於古籍成書或作者問題，如沒有確實的證據，僅憑思想上的推斷，或字句上的推敲，都是有危險性的，試看前人對十翼和老子時代的官司，一直打到了今天，仍然沒有定論。這樣一來，反而把我們的古書系統弄亂了，令人無所適從。依我的看法除非有鐵一樣的證據，懷疑之心固然不可無，武斷之言千萬不可有。最可靠的方法乃是我們承認十翼中也有孔子的思想，老子書中也有老子的思想，只是成書較晚，可能有後人加入的成份。所以對子思作中庸的看法我也是抱着這種觀點，認爲中庸原文是子思所作，今天禮記的中庸一篇其成書可能要到戰國以後，但其中的思想則包括有子思孟子一路的儒門弟子的作品。雖然這種說法沒有很明確的答案，但對於一本聚訟不決的古書，我們也只能如此交代。

至於我如何研究這個誠字，首先我用死板的統計方法在中庸以前的經書子書中去尋找誠字，研究他們的性能與中庸的誠作比較，這一部份的工作就是本書第二章。其次我把中庸以後的大哲中有關論誠之處作一檢閱，尤其主要在宋元明的儒家中，我把宋元學案和明儒學案中所有的誠字圈出來作了一個分析，發現他們所論的誠，並沒有越出中庸的範圍。尤其許多宋元明儒對於誠字的論說，並無深刻的體驗，都只是掇拾中庸的幾句話，加以讚歎而已。其中對誠字的看法最有深度的仍然要推朱子和陽明兩人，所以我對宋元明儒的論誠只以朱子和陽明爲代表。朱子對誠的解釋多見功夫，而面面俱到，因此在第三、四、五、六各章中對誠作分析時，我常徵引到朱子的解釋，又由於朱子的四書集註已成爲最流通的版本，所以我凡是另有新解時，也徵引朱子之說以作比較。在第八章批評到佛學時，由於陽明和佛學的關係較深，見解也活潑，所以在這方面我又徵引到陽明的思想。

最後一章談到誠字對西方文化的貢獻，這方面因爲我未曾出過國，缺乏實際體驗，而且對西方文化的接觸也不够，本來是不敢寫的，但承蒙顧（翊群）老師的鼓勵，吳（經熊）老師的啓發張（起鈞）老師的指點，他們都認爲今天中國哲學必須要對世界文化負起重責，因此我才大着胆子去寫，當然其中有許多未成熟的見解，只有待之於以後，多體驗多讀書來補充了。

在我寫完了這篇論文後到今天口試，已相隔了六個多月，在這六個月中，我對於中庸的誠字，以及由中庸誠字所引發的問題，有了一些新的體驗，在這裡也順便報告一下：

1. 在我寫畢這篇論文時，發現中庸雖然也談生而知之，學而知之，雖然也分聖人之道和君子之道，雖然這個誠是天之道也是人之道，但就中庸全書分析，他談「學而知之」、「君子之道」、「人之道」却多於「生而知之」、「聖人之道」及「天之道」，如中庸裡提到聖人只有七處，但聖人之道只有一處，至於提到君子有三十四處，君子之道只有七處，可見中庸雖以聖人之道爲高，但所強調而重視的，却是君子之道，那麽君子之道與聖人之道有什麽不同呢？談聖人之道只是揭出其最高理境而已，談君子之道却重在其修養的工夫，所以由此可看出中庸是強調工夫的，這與孔子的思想也是一貫的。

由於這一觀點使我聯想到禪宗和道家常爲人所誤解，譬如先拿禪宗來說，頓悟是一種境界，正如聖人的生而知之，不勉而中，不思而得的境界，要達到這境界却必須經過一番苦鍊不可，如智閑禪師的掃竹，慧稜禪師的打坐，可是後人把頓悟當作一種方法，只求一刹那而悟，却忽略了漸修的工夫，這便是一種迷妄。

再如道家講無爲逍遙，很多人便以爲只要去學無爲逍遙就能達到至人眞人的境界。其實功夫純熟，才能自然。道家的無爲也只是一種境界，要達到無爲却必須經過無數的磨練和修養工夫。很多人讀莊子只欣賞到莊子的灑脫，而忽略了莊子之所以如此，是經過不少磨難的。所以從撰寫這篇論文的體驗中，使我認識到工夫的重要，將來我在禪和老莊方面的研究，應該在工夫方面多予強調。

2.在本文中我曾一再強調中庸作者找出一個誠字，是把形而上道德化，以及使實踐的道德有形而上的基礎，由這點使我想到了另一個問題，就是中國哲學思想的一個主題是天人合一，一般都承認儒道佛三家思想中都主張天人合一，可是他們的天人合一却有所不同。佛道兩家的天人合一，幾乎都是把天和人直接融在一起，如禪家的無位眞人，這眞人卽天和人合一的結晶，如道家的至人，眞人，神人也都是天人合一的境界。他們要達到這境界只是擺脫束縛，順任自然而已。但儒家却不然，如易說卦第二章「立天之道曰陰與陽，立地之道曰柔與剛，立人之道曰仁義，兼三才而兩之」就拿六爻來說最下兩爻代表地，當中兩爻代表人，最上兩爻代表天。天道象徵形上境界，地道是指物理現象，人道代表智慧道德。人之所以能與天地相參，就靠這個智慧道德，正如周濂溪說：

「惟人也得其秀而最靈，形旣生矣，神知發矣，五性感動而善惡分，萬事出矣」。

易經文言上說：

「夫大人者與天地合其德，與日月合其明，與四時合其序，與鬼神合其吉凶」這裡所謂與天地合其德所合的是什麼，如果拿中庸來說就是誠字了。如果就「立人之道曰仁與義」來說，就是人之德可以通天地。以儒家的看法，人之所以能與天合一就在於一個德字。中庸裡常說贊天地之化育，與天地參，人之所以能贊天地乃是在於其能立德，人之所以能與天地參，也在於其能行仁踐義。因此依我的看法禪道兩家才是名符其實的天人合一，而眞正儒家的精神却是與天地鼎足而三，至少禪道兩家是把天人直接合一，儒家却在其中夾了一個「德」。這是我寫中庸誠字的另一體驗。

以上只是我由撰寫這篇論文的二點感想，希望以後能從這方面作深一層的研究，像中庸的這個誠字，有關儒家的整個思想，必須對這問題有長時期的體驗不可。我的學識與經驗都不足以語此，孔子三十而立，我雖三十，但只志於學而已這篇論文乃是這方面研究的一個起步，疏陋不周的地方，必然很多，還請各位老師多多給予指導。

中庸誠的哲學　目錄

中國雞病診療學　目錄

第一章　中庸一書的懸案

本文是以研究中庸的誠字爲主，原可不必牽涉到有關中庸作者的許多考據問題，但由於中庸的這個誠字和孟子、荀子書中的誠字發生了極大的關係，因此對於中庸是否子思所作，或中庸的這個誠字是否子思所立，便不得不有一個交代，否則我們就無法把握中庸的這個誠字在思想發展上的意義和作用。

關於中庸一書的作者，古今學者曾有各種不同的看法：

1. 是子思所寫：

司馬遷史記：「子思作中庸」（孔子世家）

鄭玄目錄：「孔子之孫子思伋作中庸，以昭明聖祖之德。」（十三經注疏）

後來沈約、孔穎達等人都主張這種說法，直到朱熹更認爲：

「中庸何為而作也，子思子憂道學之失傳而作也」（中庸章句序）於是提出了道統之說，為宋明儒家所公認。（註一）

2.是孟子以前儒家所撰：

胡適博士中國古代哲學史：

「中庸古說是孔子之孫子思所作，大概大學和中庸兩部書都是孟子荀子以前的儒書，我這句話，並無他種證據，只是細看儒家學說的趨勢，似乎孟子荀子之前總該有幾部這樣的書，才可使學說變遷有線索可尋」。（中國古代哲學史第十篇第一章）

胡博士這段話自認並無具體的證據，只是思想發展上的想當然耳。（註二）

3.是孟子以後的學者所作：

崔東壁洙泗考信錄：

「世傳戴記中庸篇為子思所作，余按孔子孟子之言，皆平實切於日用，無高深廣遠之言，中庸獨探賾索隱，欲極微妙之致，與孔孟之言皆不類，其可疑一也。論語之文簡而明，孟子之文曲而盡。論語者，有子、曾子門人所記，正與子思同時，何以中庸之文，獨繁而晦，上去論語絕遠，下猶不逮孟子，其可疑二也，在下位以下十六句，見於孟子，其文小異，說者謂子思傳之孟子者，然孔子子思之名言多矣，孟子何以獨述此語？孟子述孔子之言，皆稱『孔子曰』，又不當掠之為己語也。其可疑三也。由是言之，中庸必非子思所作。蓋子思以後，宗子思者之所爲書，故託之於子思、或傳之久而誤以爲子思也……嗟夫！中庸之文，釆之孟子，家語之文，釆之中庸，少究心於文議，顯然而易見也」。（考信錄）

這是從文體上論定中庸在孟子之後。錢穆博士更就思想的異釆上去推論中庸是滙通孔孟老莊的後學者所作，他在「中庸新義」一文裏說：

「孔孟乃從人文界發揮天人合一，而老莊則改從自然界發揮，更下逮易傳中庸，又滙通老莊孔孟，進一步深闡此天人合一之義蘊」。（孟子研究集三一七頁）

4.是子思原作，爲秦漢儒者所加：

馮友蘭中國哲學史：

「細觀中庸所說義理，首段自『天命之謂性』至『天地位焉，萬物育焉』，末段自『在下位不獲乎上』至『無聲無臭至矣』，多言人與宇宙之關係，似就孟子哲學中之神秘主義之傾向，加以發揮，其文體亦大概爲論著體裁。中段自『仲尼曰：君子中庸』。至『道前定則不窮』多言人事，似就孔子之學說，加以發揮，其文體亦大概爲記言體裁。由此異點推測，則中段似爲子思原來所作之中庸，卽漢書藝文志儒家中之子思二十三篇之類。首末二段，乃後來儒者所加，卽漢書藝文志『凡禮十三家』中之中庸說二篇之類也」。（中國哲學史第一篇第十四章四四七頁）

5.不是子思所作，而爲漢儒所僞託：

葉酉與袁枚書中說：

「中庸爲漢儒所撰，非子思作也。其隙罅有無心而發露者。孔孟皆山東人，故論事就眼前指點。孔子曰：『曾謂泰山不如林放』；曰：『泰山其頹』。孟子曰：『登泰山而小天下』，『挾泰山以超北海』。就所居之地，指所有之山，人之情也。漢都長安，華山在焉，中庸引山稱『載華嶽而不重』，明明是長安之人，引長安之山，此僞託子思之明驗」。

以上把古今學者對中庸作者的看法歸納爲五類，現在再逐一加以檢討。

第一類認爲中庸是子思所寫，這是有相當根據的，司馬遷等人決不會無的放矢。問題是子思所寫的中庸，是否卽禮記的中庸。但今天除了禮記的中庸外，別無第二本中庸流傳下來，所以這個問題也無從着手。（註三）

第二類認爲中庸是孟子以前的作品，這也是客觀的看法，因爲荀子便把子思孟子連在一起說：「子思倡之，孟軻和之。」可見子思和孟子的思想有着非常密切的關係。而荀子和孟子思想最不相容的就是有關於人性的問題，中庸「天命之謂性」，又正好可作孟子性善論的根據，所以中庸在孟子之前，無論是師承，和思想演變上都是有跡可尋的。（註四）

第三類認爲中庸在孟子之後，甚至莊子之後，固然也能提出某些論據，但却值得商榷。譬如崔東壁學論語之文簡而明，孟子之文曲而盡，中庸之文繁而晦，認爲中庸在孟子之後，其實中庸之文何以見得繁而晦，又何以見得一定在孟子之後？文體的繁簡，多半由於作者的表達方式，及描寫對象的不同而異，豈能憑此以論斷成書的時代？崔氏又說孟子離婁篇中有一章和中庸第二十章的一段文字極爲相似，如果是孟子抄中庸的話，爲什麼不標明出處？其實細按中庸的那段文字，顯然是引述孔子的話，如果是中庸抄孟子的話，那麼爲何要把孟子的話抄去當作孔子的話，這豈不是和「掠之爲己語」一樣的費解嗎？（註五）至於錢穆博士從天人合一的思想上，去證明中庸是滙通孔孟老莊的後學者所作，也是有得之見。不過其間夾有一個中庸成書的問題。也許子思寫的中庸初稿，到孟莊的時候才通行成書，而加入了後學者的修飾和整編，因此自然有滙通的色彩，所以這方面仍然值得推敲，很難遽下斷語。

第四類把中庸加以肢解，削去頭尾，這種作法如無確實根據，便等於戲論。試觀馮氏的分析，僅就「多言人與宇宙之關係」一點，推論中庸首末兩章爲後出。其實孔子「五十而知天命」，他的孫子談談天道，也並不過份。荀子曾批評他：「甚僻違而無類，幽隱而無說，閉約而無解」。按這幾句話所指，子思的作品中充滿了「僻違」、「幽隱」、「閉約」。而這些特色，都是產生在形而上方面的，所以就荀子的批評作見證，我們實在沒有必要剝奪了他暢談天人關係的權利。

第五類只是掇拾中庸裏一二句話，以推斷中庸是僞託子思的作品。這種方法顯然易流於以偏概全的毛病。就拿清儒提出「載華嶽而不重」、「今天下，車同軌，書同文」來說，今人陳槃先生曾在「中庸今釋別記」中，一一加以批駁（註六）。其實卽使這兩句話有問題，也不能以偏概全，認爲整本書都是僞託，如果拿這種方法去考證的話，恐怕先秦的典籍，很少不是漢人僞託的了。

以上僅就各種說法加以檢討，其實中庸作者的問題，並不是中庸一書如此，這幾乎是先秦典籍的通病，而造成這種通病的因素有二：

第一個原因是先秦的典籍多非成於一人之手：馮友蘭在中國哲學史上說：

「古人之歷史觀念，及『著作者』之觀念不明，故現在所有題爲戰國以前某某子之書，原非必謂係某某子所親手寫成，其中『援述於前，與附衍於後者』，在古固視爲不必分，在今則多似爲不能分（按：此處馮註，曾引孫星衍說：『凡稱子書，多非自著』，嚴可均說：『先秦諸子，皆門弟子，或賓客，或子孫撰定，不必手著』。）故現在所有多數題爲戰國以前某某子之書，當視爲某某子一派之書，不當視爲某某子一人之書」。（中國哲學史第一篇第二章四三頁）

的確，先秦的子書都有這一共同的特色，因爲先秦時期的作者寫書，並不像後代的作者一樣，寫好了一部，便可以立刻出版，到處流通。他們都是把心得刻在竹簡上，並沒有版權問題。自己固然可以刻多少，算多少，而後人抄刻時，也可以刪略和增添，直到它眞正通行成書，爲大家公認，而很少更動時，那已是很長的一段時間了。所以先秦的子書，可以說沒有一部是成於一人之手，即使寫作嚴肅的荀子，最爲晚出的韓非子，也都有後人加進去的材料。不過儘管如此，全書的眞精神還是作者所賦予的，後人只是加以修飾、補充，和整理成書而已。

第二個原因是先秦的典籍都是經過漢代學者的整編：司馬遷史記上說：

「李斯曰：『……臣請史官非秦紀，皆燒之，非博士官所職，天下敢有藏詩書百家語者，悉詣守尉雜燒之，有敢偶語詩書，棄市；以古非今者，族；吏見知不擧者，與同罪。令下三十日不燒，黥爲城旦，所不去者，醫藥卜筮種樹之書，若欲有學法令，以吏爲師』。制曰：『可』。」（史記秦始皇本紀第六、三十四年）

這是焚燒民間諸子百家的典籍，後來項羽攻入咸陽時，又火燒宮室達三月之久，秦朝博士所職，宮廷所藏的圖書，大概也都變爲灰燼。接着漢高祖登位，又不懂詩書，直到惠帝除挾書律，才逐漸搜求遺書，從廢墟裏，宿儒的口授裏，希圖再尋回古代的典籍，可是竹簡容易朽腐散失，口授容易傳聞失實；就拿論語來說，便有魯論、齊論、古論三種，今天的通行本，還是漢儒根據魯論所整編的呢（註七），至於書經，更有今古之分，眞僞之別（註八）。漢武帝獨尊儒學，而儒家最重要的這幾部經典已是如此，其他的子書更不用提了。所以今天流傳下來的先秦典籍，都是經過漢代學者的整編，和原來的面貌自然有或多或少的不同，但儘管如此，我們却不能因漢代學者的整編，便認爲完全是漢人的僞託。

基於以上兩個原因，我們對「子思寫中庸」這一問題，便應放寬尺度來看，不應認爲中庸是子思所寫，便以爲一字一句都出於子思的手筆；也不應發現一二句似爲漢人的語氣，便斷定是漢代的僞作。以筆者的看法有兩點値得注意：

1. 子思寫中庸，已有史實的根據，但中庸一書的編定和流通（指秦以前的原作），可能會遲至他的後學者。據司馬遷史記上說孟子曾受業於子思的門人，那麼孟子應該看到了中庸，爲什麼在孟子書中却沒有提到中庸呢？對於這問題可能的解釋有二：第一點假定中庸是子思的後學者所編的話，這位後學者可能在孟子之後，並且他在編書的時候，除了子思原作外，也可能增補了他得自其老師傳述子思的話。因此孟子也許未必能讀到，自然也不會引到。雖然如此，但孟子對中庸裏的某些觀念却並不陌生，因爲他可以受之於子思門人。譬如離婁篇中那段和中庸相似的話，便可能是孟子得之於子思門人，由於中庸在當時沒有通行成書，子思門人只是和孟子泛論，孟子後來又和學生泛論，而泛論時不一定指明是孔子或子思說的，所以編中庸的弟子，把它歸爲子思引述孔子的話，而編孟子書的弟子，也把它歸爲孟子的話，所以便鬧了雙包。第二點假定孟子看到了中庸而隻字不提，那是因爲古代儒家的傳授多着重在幾部重要經典，子思門人教授孟子的，自然以詩書等經典爲主，其次才輔之以孔子的言行。至於中庸一書，却被當作子思追述孔子的思想來看待。試想孟子是何等的氣概，他要直繼孔子，所以儘管受到子思的影響，或看到中庸一書，但都把它們融貫起來，歸之於孔子。譬如孟子書中有許多孔子的言行，並未見之於論語（註九），可能是得自子思門人的傳授，但孟子却隻字未提到他的老師。這種現象在後代許多儒家的著作中也是常有的，實在不足爲奇。

2. 中庸自成書以來，直到漢代併入了禮記，成爲今天的定本。其間難免沒有後人加進去的文字，也自然逃不了漢儒的整編，但我們可以肯定的說，凡是增添，或整編的部份，都是在於文辭的修飾，或觀念的詮釋，至於其一貫的思想，却是後人所無法代庖的。就拿馮友蘭的分析來說，他認爲自第二章至第二十章的上半段可能是子思的原作。但細察這幾章的內容，只有第十二章、第十四章、第十五章，有子思自己的話，而且也是引述孔子的思想，談不上獨創的見解。如果子思所寫的中庸就是這些。我們實在看不出他有什麼特殊的表現。尤其我們如果同意荀子的看法，把子思孟子連成一個系統的話，那麼子思除了引述孔子的思想外，必定有他自己的心得。在漢書藝文志上說他有二十三篇，隋書經籍志上說他有七卷，可惜全部散佚，今天所剩下的材料，可以供我們研究的，就只有中庸首章，和第二十章後半段以後的十三章了（據沈約說禮記中如表記、坊記、緇衣均取材於子思，但不甚可靠）。然而就這幾章的思想精神來說，和中段是脈絡一貫的，因爲中段所引述的都是孔子對中庸的讚詞，都是就平庸處立說，而子思的寫中庸，決不是無心而發，他一定是要從孔子的中庸上建立一套理論基礎，而且這套理論必須貫通天人，才能使中庸不流於淺薄、平凡，我們細觀首段和後段都是從形而上的人性處着手，它們正是中庸一書的血脈所在，（關於這點，筆者在後面兩章，都有說明），如果斬斷了這條血脈，中庸一書便失去了靈魂，子思的寫中庸只是替先祖搜集一些殘言斷簡而已，這豈是子思困於宋而寫中庸的本意嗎？因此我們如果承認子思是有心而寫中庸的話，那麼他的苦心，他的見解，也只有從首章和第二十章以後的文字中去探索。當然這些文字中也不免有後人更動，增删的地方。但其一貫的精神，仍然是子思的原作。

以上是筆者對中庸作者問題的一點淺見，由於本文是以研究中庸的誠字爲主，而且是純粹作思想的探討，所以對於這問題，不願牽涉到許多繁瑣的考證。事實上先秦的典籍，散佚的太多，流傳至今的，又都眞僞互見，任何憑一得之知所下的斷語，都有以偏概全的危險。因此筆者在一切反證尚沒有確實到成爲定論之前，仍然保留的認爲，中庸一書的基本精神是子思寫的，而中庸的這個誠字，也是子思發其端的（註一〇）。不過它的成書，可能要到孟莊之時，甚之其中有許多論誠的文字，也難免沒有後儒引申，或加進去的成份，所以爲了存眞起見，本文在以後各章裏統稱「中庸作者」，當然這是包括了子思，及對中庸成書有貢獻的後儒。

註一　對於這點，張師起鈞教授曾有一段精彩的推論：

「然則又何以知其爲子思所撰以授孟子耶？此蓋又爲驗以性善之說也，中庸開篇卽云：『率性之謂道』，荀子主性惡，則率之而將成『魔』矣，尙何『道』之可言？是以中庸亦必由孟子一派傳衍而來者。且依情推斷，此『筆之於書』者，必距孔子甚近（否則，久而差矣），絕不在孟子之後。蓋孟子之後尙無如是理醇思深之大儒；如有之，則必顯於世矣。（按：凡此皆係推測朱子之想法，而並非作史實之考證也。）同時亦絕非孟子本人所爲者。蓋孟子乃所謂外向型之人也，且志在大張旗鼓，闡揚儒道，此書苟係彼所爲，則必將宣講發揮不遺餘力。今考孟子七篇中，僅離婁上之『居下位而不獲於上，民不可得而治也……』章，與中庸相呼應。此外絕無道及者，孟子豈含蓄自隱如斯之人哉？是可知絕非孟子所爲也。經此分析後，有執筆可能者，僅餘三人，卽：孟子之師，子思及曾子是也。此三人中，孟子之師沒沒無聞，當非其人（說見前）；而中庸一書，妙得玄理，境界極高，又絕非篤實魯重之曾子所能爲。且曾子去聖未幾，亦不致有『久』而將差之慮。是以推來推去，捨子思又復何求？集此諸緣，乃使朱子斷言：『此篇乃孔門傳授心法；子思恐其久而差也，故筆之於書，以授孟子』。」（新天地六卷九期）

註二　徐復觀先生在這方面提出了思想上的證據。他在中國人性論史一書中便說：

「我過去曾寫過一篇中庸的地位問題一文，擧出五證，以證明它是出於子思，卽是其成書乃在孟子之前。」

接着又說：

「實則今日之中庸，原係分爲兩篇。上篇可以推定出於子思，其中或也雜有他的門人的話，下篇則是上篇思想的發展。它係出於子思之門人，卽將現中庸編定成書之人。如後所述，此人仍在孟子之前」。

（中國人性論史第五章一〇三頁）

註三　漢書藝文志有中庸說二篇，究竟此中庸說二篇與禮記之中庸篇關係如何，古今學者論說紛紜，如王鳴盛蛾篇說錄：

「漢志中庸說二篇，與上記百三十一篇，各爲一條，則今之中庸，乃百三十一篇之一，而中庸說二篇，其解詁也，不知何人所作。惜其書不傳。師古仍云，今禮記有中庸一篇，亦非本禮經，蓋此之流，反以中庸爲說之流，師古虛浮無當，往往如此。」

徐復觀中國人性論史第五章：

「孔子世家稱中庸，漢志稱中庸說，白虎通稱禮中庸記，古人對傳記之稱謂，並不嚴格，三者皆可視作一書之名稱。」

註四　徐復觀先生在「中庸的地位問題」一文中擧五點理由說明中庸在孟子之前：

「第一……中庸之五倫，係以君臣爲首；而孟子之五倫，係以父子爲首。在中庸，無形中是君臣重於父子，在孟子，則意識地，父子重於君臣。此種輕重之分，實含社會背景及政治思想之重大演進。

……

第二……中庸一書，旣經常『仁』、『知』並稱，與論語相同；而以知仁勇爲三達德，尤與論語相符合。至孟子，則發展而爲仁義禮知之四端；至董仲舒則發展而爲仁義禮知信之五常，遂成爲儒家之定格。………

第三，論語言仁，主要爲就個人之自覺向上處說；至孟子，則多以愛人言仁，此後直至二程爲止，皆繼承此義而未改。中庸之『修道以仁』及『力行近乎仁』，其涵義特與論語爲近，即此亦可證明其直承論語而早於孟子。

第四………『天命之謂性』，其性自然是善的，但中庸尚未將此『善』字點出；中庸中之所謂『善』，仍是外在的意義重；至孟子乃點出『性善』，使天命之性，有進一步的明顯而具體的表達。此係繼承中庸之又一發展。

第五，論語重言忠信，忠信發展而爲中庸之誠，前人多已言之。論語言『默識』，言『內省』，此係向內的沉潛，至中庸而言『愼獨』，則內在之主體更爲明瞭；至孟子則更進一步言『求放心』、『存心』、『養性』、『養氣』，較中庸之愼獨表現得更爲具體而明白。

註五 其實這種引證上的錯誤，在孟子中還有其他的例子，如論語爲政上「生，事之以禮，死，葬之以禮，祭之以禮」爲孔子語，但在孟子書中卻是曾子語。

註六 陳槃先生中庸今釋敍說：

「隱元年左傳說：『天子七月而葬，同軌畢至。』正義：『鄭玄服虔皆以軌爲車轍也。王者馭天下，必令車同軌，書同文。同軌畢至，謂海內皆至也。』可見『車同軌』這話，在孔子以前就有。也許實際上不能完全做到，但是對於時王客氣一點，挪來粉飾太平，未嘗不可。至於『書同文』這話，不必太認眞去考覈。春秋以前的文字，誠然因時因地有不少的差別，然而總是從『六書』一路發展下來的華夏民族的文字。……『載華嶽而不重』，這『華嶽』一詞也有人懷疑……不過釋文，『華嶽』本來也作『山嶽』。到底原來的本子作『華嶽』呢？還是『山嶽』呢？我們完全沒有法子知道。所以這一條是不能成爲證據的。」

註七 魯論爲魯人所傳，其編目章次，分二十篇，計五百有八章，即今之論語。齊論爲齊人所傳，較魯論多問玉，知道二篇，故爲二十二篇。古論語出孔氏壁中，篇次與魯論多異，而分堯曰下章子張問別爲一篇，故爲二十一篇，齊古二論，在隋唐間已亡佚。

註八 今文尚書共二十九篇（或合爲二十八篇），乃孝文帝時伏生所傳，爲今本尚書中眞正出自先秦者。至於古文尚書爲魯恭王壞孔子壁而得。其僞本有二，其一爲漢時張霸僞造之一百零二篇，已佚失。另一為東晉時梅賾所偽造之二十五篇，為現今尚書中的一部分。

註九 這種例子很多，現舉二則以資證明。

「仲尼曰：『始作俑者，其無後乎，為其象人而用之也』。」（梁惠王上）

「孔子曰：『操則存，舍則亡，出入無時，莫知其鄉，惟心之謂與』。」（告子下）

註十 筆者所謂「發其端」，是指中庸的誠字，可能是子思所建立的；但並不卽是說中庸關於誠字的論點都是出於子思的手筆。

第二章　誠字的源頭和背景

關於這個誠字的源頭，我們追溯到春秋時代以前，發現了一個值得注意的事實，就是現存春秋以前的最可靠的典籍中，非但沒有一個像中庸裏那種具有特殊色彩的誠字，甚之連當作助詞用的誠字也非常少見。以五經來看：

詩經中除了一個當作助詞用的「謝于誠歸」（大雅崧高）的誠字外，沒有一個當作德性解的誠字，但和德性之誠相似的字，像信，敬字等，卻俯拾卽得，如十月之交：

「如何昊天，辟言不信；如彼行邁，則靡所臻，凡百君子，各敬爾身，胡不相畏，不畏于天」。

書經中有兩處有誠字。如：

「至誠感神，矧茲有苗」？（大禹謨）

「鬼神無常享，享于克誠」。（太甲下）

但這兩處是出在後人所謂的「僞古文尚書」中，據閻若璩等人考證這二十五篇僞古文尚書是東晉梅賾所假託（註一），因此這兩個誠字是否出於春秋以前，頗有問題。同時，就這兩個誠字的作用看，帶有宗教色彩，和中庸之誠不甚相同。至於書經中，和中庸誠字相似的信字，敬字也俯拾卽得，如：

「爾無不信，朕不食言」（湯誓）

「王敬作所，不可不敬德」（召誥）

易經卦辭中沒有一個誠字，只是在十翼的乾文言裏有：

「子曰：『龍德而正中者也，庸言之信，庸行之謹，閑邪存其誠，善世而不伐，德博而化』。」

「子曰：『君子進德修業，忠信所以進德也，修辭立其誠，所以居業也』。」

這裏明明是指孔子所說，當然這兩個誠字不在春秋以前，至於這兩段話是否眞正是孔子的思想，由於後人曾懷疑十翼是漢儒的作品，所以這個問題還須推敲，留待後面討論孔子和誠字的時候再談。

春秋經中也沒有一個誠字，甚之連春秋三傳裏，也僅公羊傳中有兩個誠字，如

「勇士曰：嘻！子誠仁人也。……」（公羊宣公六年）

「叔術覺焉，曰：嘻，此誠爾國也。……」（公羊昭公三十一年）

公羊傳是春秋以後的作品，所以這兩個誠字也不在春秋以前的經典中。

最後再看三禮方面，周禮、儀禮中也沒有一個誠字，剩下的只有禮記一書，由於它是孔子後學所記，漢儒所編，因此儘管它有許多誠字，而這些誠字當然也不在春秋以前。

今天我們研究春秋以前的思想，最可靠的，當然是儒家的這幾部經典，而且也是流傳至今，唯一的資料。但從這幾部經典中，我們却找不到一個和中庸之誠相似的誠字，可見春秋以前這個誠字並未通用。

接着我們再拿春秋到戰國初期的子書來看，最可靠的當然是論語一書。可是整部論語却只有兩個誠字：

「愛之欲其生，惡之欲其死，既欲其生，又欲其死，是惑也。誠不以富，亦祇以異」（顏淵篇）

「善人爲邦百年，亦可以勝殘去殺矣，誠哉是言也」（子路篇）

而「誠不以富，亦祇以異」一語，本引自詩經小雅我行其野章，原詩作「成不以富，亦祇以異」，可見這個「誠」字，還是由詩經的「成」字轉用過來。就拿這兩個誠字的作用來看，都當作助詞使用，並不是一個屬於德性的名詞，自然和中庸的誠字拉不上關係。

雖然在論語中，我們找不到孔子和中庸誠字的關係，但在易經文言裏，却提供了一個很好的線索。因爲文言裏的「閑邪存其誠」，「修辭立其誠」的兩個誠字，顯然已是一種精神修養，尤其像「庸言之信，庸行之謹」的句子，和中庸的「庸德之行，庸言之謹」，非但相似，而且意思又復相通。所以我們可以說易文言的這兩個誠字，和中庸的誠字是有着密切的關係。至於十翼是否孔子所作，對於這個關係並沒有任何影響，因爲文言卽使是後儒所作，但其中引述孔子的話，還是可以看作孔子的，就同論語雖爲孔門弟子所編，但其中記載的，仍然是孔子的話。所以除非有事實證明那段話是後人揑造的，否則我們仍然按照現有的資料，承認這兩個誠字是出於孔子，而且和中庸的誠字，還有着密切的關係。

那麼，這兩個誠字既然是孔子說的，爲什麼却不見於論語呢？對於這問題，我們首先要了解論語並非孔子所自著，其中只有一部份是親傳弟子所記，大部份還是由再傳，三傳弟子所記。孔子一生的言敎很多，而弟子們所記的，當然只限於自已傳聞之所及。同時，參加編論語的弟子也只是少數幾人。所以孔子在論語之外，還有不少的言敎，有的被編入了春秋三傳中，有的被編入了易經十翼中，有的被編入了禮記中。譬如子貢曾說：

「夫子之文章，可得而聞也；夫子之言性與天道，不可得而聞也」。（公冶長）

這段話已暗示了孔子也談性與天道，只是很少談，或不常和子貢等人談，因此如果是子貢編論語的話，當然性和天道方面是一定闕如的，事實上，今天的論語中，除了子貢提到「性和天道」外，就沒有天道一詞，談性的地方也只有一處，沒有深論，如：

「子曰：『性相近也，習相遠也』」。（陽貨）

談天命的地方有三處，也沒有深論。如：

「五十而知天命」（爲政）

「君子有三畏：畏天命、畏大人、畏聖人之言，小人不知天命，而不畏也，狎大人，侮聖人之言」。（季氏）

至於提到天的地方有十餘處（註二），但都把它看作神靈，當然也沒有深論。可是孔子明明自己說「五十而知天命」，而他又活到七十二歲的高齡，在這知天命之後，傳道最重要的二十多個年頭中，他豈能閉口不談性和天道？我們可以大膽的說，孔子不可能完全不談性與天道，只是在少數的場合，和少數的幾位弟子談，而編論語的後代弟子正好在這方面又無師承，當然不可得而聞，也就無法引述了。至於那另外幾位親炙孔子性與天道之教的弟子，再傳授，演變，便構成了易傳和中庸的思想。所以易傳和中庸引孔子思想的部份也可視爲孔門另一派弟子所編孔子的語錄（註三），只是這部著作的成書較遲，其內容又多爲孔子所罕言而已（罕言並非不言，眞正的用意是不輕易言）。

明瞭到這一層，我們便可以解答前面的問題了。因爲論語在心性方面沒有深論，易傳和中庸却在這方面大加發揮，而這個誠字，乃是屬於心性自反的一種精神修養，所以不見之於論語，却見之於易傳和中庸。對於這點，我們還可以和前面所論互相印證。

前面，我們曾檢閱春秋以前的幾部經典，發現其中沒有一個和中庸之誠相似的誠字，這是因爲春秋以前對於心性問題的見解還沒有成熟，雖然他們曾提到性字，如：

「豈弟君子，俾爾彌爾性，似先公酋矣」（詩大雅卷阿）

「節性，惟日其邁」（周書召誥）

「故天棄我，不有康食，不虞天性，不迪率典」（商書西伯旣戡黎）

傅斯年先生曾說：

「召誥所謂『節性』，按之呂覽，本是『節生』；大雅所謂『彌爾性』，按之金文，乃是『彌厥生』，皆與性論無涉」。（性命古訓辨證引言）

傅先生把性訓爲生的說法是否正確，這是另一回事；但這些經書裏的性字，未曾觸及心性的根本問題，却是事實。所以他們只談到向外的信字，和敬字，却沒有一個內反於心性的誠字。

在這裏，我們似乎已摸索到這個誠字源頭的線索，這條線索顯示出，這個誠字，是隨着心性問題的成熟，而逐漸發展的。

現在我們就順着心性問題，來看看這個誠字。

自孔子以後，凡是對於心性問題沒有深論的子書中，幾乎都沒有談到這個誠字，如老子書中只有一個當作助字用的誠字：

「古之所謂『曲則全』者，豈虛言哉，誠全而歸之」（第二十二章）

老子書中提到儒家的德目很多，像仁、義、聖、智、忠、孝、慈、信，却沒有一言談到誠字，這是因爲老子思想是走智的路，着重在應變，對於心性問題却未曾深論。（註四）

墨子書中雖然提到儒家的許多德行，甚之還替它們下定義，如經上：

「恕，明也」。

「仁，體愛也」。

「義，利也」。

「禮，敬也」。

「忠，以爲利而強低也」。

「孝，利親也」。

「信，言合於意也」。（以上皆見墨子卷十經上）

可是却沒有把誠字當作德行來看，這也是因爲墨子注重外在的功利，根本忽略了心性問題。

韓非子書中，雖然有不少誠字，如：

「是故誠有功，則雖疏必賞；誠有過，則雖近愛必誅」（主道）

「形名參同，用其所生，二者誠信，下乃貢情」（揚權）

「爲人主者，誠明於臣之所言，則別賢不肖如黑白矣」（說疑）

「孔子墨子，俱道堯舜，而取舍不同，皆自謂眞堯舜，堯舜不復生，將誰使定儒墨之誠乎」！

以上的誠字，多半是助詞，只有最後一個誠字，當作眞實解，有點近乎中庸的誠字，但按照文義看，韓非只是去形容眞儒或眞墨，和心性自反的誠字，仍然是截然有別的。不過從韓非書中誠字之多看來，也可說明了誠字到戰國末期已經非常通行了。

以上僅就道、墨、法家中最重要，最可靠的子書來反證，凡是對於心性問題沒有深論的子書，幾乎都沒有觸及這個德性的誠字。現在我們再從正面來看，在戰國時期，只有三部子書對心性問題發揮得最多，而這三部書中，不僅討論誠字非常成熟，而且還和中庸的誠字有着密切的關係。

第一部是孟子

孟子書中共有二十二個誠字，其中十四個誠字都是當作助詞使用（註五），只有八個誠字具有特殊的意義，這八個誠字包括在兩章裏，就是：

「萬物皆備於我矣，反身而誠，樂莫大焉」（盡心上）

「居下位而不獲於上，民不可得而治也。獲於上有道，不信於友，弗獲於上矣，信於友有道，事親弗悅，弗信於友矣，悅親有道，反身不誠，不悅於親矣，誠身有道，不明乎善，不誠其身矣，是故誠者，天之道也，思誠者，人之道也，至誠而不動者，未之有也，不誠，未有能動者也」。（離婁篇）

在這兩章中，前一章的誠字，可以包涵在後一章中，而後一章的這段文字，完全相同於中庸第二十章：

「在下位，不獲乎上，民不可得而治矣，獲乎上有道，不信乎朋友，不獲乎上矣，信乎朋友有道，不順乎親，不信乎朋友矣，順乎親有道，反諸身不誠，不順乎親矣，誠身有道，不明乎善，不誠乎身矣，誠者，天之道，誠之者，人之道也。誠者，不勉而中，不思而得，從容中道，聖人也，誠之者，擇善而固執之者也」。

關於這兩段文字，何以如此雷同，這已是一大懸案，前面我們曾提到過，在此不必再論。但就這一章來看，毫無疑問的，孟子所說的誠，和中庸的誠是有非常密切的關係，不過就孟子全書來看，論誠的地方，除了這章外，只有盡心篇中的一個字，可見孟子並沒有特別強調這個誠字，也就是說孟子並未能完全發揮中庸的誠字。我們試分析孟子在這一章的結尾，把誠字專注於動人和不動人，落實在意上，顯然是偏重誠意方面。這和中庸扣緊了性來說誠，却有一段距離。

可是孟子既然也承認「誠」是天之道，爲什麼在全書中對誠字並沒有大加推論呢？以筆者的看法，這是因爲孟子的個性偏於外揚，思想重在政治，所以特別強調那個具有懾服力，強硬性的義字，代替了比較抽象，而內歛的誠字。

第二部書是荀子。

荀子書中有七十個誠字，除了四十個當作助詞使用外（註六），其餘的都和中庸的誠字相似。尤其在不苟篇中有一大段的文字專門論誠，如：

「君子養心莫善於誠，致誠則無它事矣，唯仁之爲守，唯義之爲行。誠心守仁則形，形則神，神則能化矣。誠心行義則理，理則明，明則能變矣！變化代興謂之天德。天不言而人推高焉；地不言而人推厚焉；四時不言而百姓期焉，夫此有常以至其誠者也。君子至德，嘿然而喻，未施而親，不怒而威，夫此順命以愼其獨者也。善之爲道者，不誠則不獨，不獨則不形，不形則雖作於心，見於色，出於言，民猶若未從也。雖從必疑。天地爲大矣，不誠則不能化萬物。聖人爲知矣，不誠則不能化萬民，父子爲親矣，不誠則疏，君上爲尊矣，不誠則卑，夫誠者，君子之所守，而政事之本也」。

這一大段話裏的誠字，顯然和中庸的誠字面目相似，因此在這裏也發生了和孟子離婁篇上相同的問題，甚之更爲困惑。因爲孟子是子思的後學，他承襲中庸的文字，還情有可原；而荀子公開批評子思、孟子，爲什麼又要引用中庸的文字呢？對於這問題，曾有兩種可能的解釋：

第一種解釋，就是認爲荀子不苟篇出於後人的雜湊，這種解釋當然不能成立，因爲我們還沒有確切的證據去證明不苟篇不是荀子的手筆。同時，卽使這篇有問題，但荀子其他各篇中論到誠字的地方還很多，如

「端愨誠信，拘守而詳」（修身）

「誠信生神，夸誕生惑」（不苟）

「三德者誠乎上，則下應之如嚮」（富國）

「故與積禮義之君子爲之則王，與端誠信全之士爲之則霸，與權謀傾覆之士爲之則亡」（王霸）

「誠信如神，夸誕逐魂」（致士）

「其知惠足使規物，其端誠足使定物」（君道）

「節威反文，案用夫端誠信全之君子治天下焉」（強國）

「上宣明則下治辨矣！上端誠則下愿慤矣，上公正則下易直矣」（正論）

「著誠去僞，禮之經也」（樂論）

「亂國之君，亂家之人，此其誠心莫不求正而以自爲也」（解蔽）

「刑罰不怒罪，爵賞不踰德，分然各以其誠通」（君子）

「君子誠之好以待」（成相）

「顯者必得，隱者復顯，民反誠」（賦）

「小人不誠於內，而求之於外」（大略）

「其誠可比於金石，其聲可內於宗廟」（大略）

「知者明於事，達於數，不可以不誠事也」（大略）

「不好言，不樂言，則必非誠士也」（非相）

「談說之術，矜莊以之涖，端誠以處之」（非相）

「率道而行，端然正己，不爲物傾側，夫是之謂誠君子」（非十二子）

由這些例子看來，荀子在其他各篇所論的誠，都和中庸的誠字面貌相似，所以只認不苟篇爲後人所作，並不能解決問題。

第二種解釋，乃是認爲中庸襲取荀子不苟篇。這種解釋，問題更大。究竟這位作者爲什麼要抄錄孟、荀的誠字，來作中庸一文的根據，而孟荀的見解又是水火不相容的，這點實在令人費解。如果說這完全是後人的雜湊，則未免抹煞了中庸思想的一貫性。如果說這是出於後人的點鐵成金，則荀子以後的儒家，不是雜於法術，便是亂於陰陽。豈能有這樣純粹的作品。

因此對這個問題，我們無法從文字上去考證，而必須從思想上去理解。如果我們仔細推敲荀子的誠，和中庸的誠，却發現它們的面貌雖然相似，但精神則大有不同。因爲荀子的誠字，乃是指工夫的篤實（註七）。不過這種工夫並非如孟子那樣從性的善端處，去存養，去擴充。而是爲了根除性惡，去切實的守仁行義，化性起僞。所以他的誠，也落實到意上，是一種意志力的表現。

在這裏，我們更可進一步解釋爲什麼荀子一面批評子思、孟子，一面又大論中庸的誠字。這是因爲中庸以誠去盡性，孟子以誠去盡心，都是把誠和心性的善端連成一體。而荀子主張性惡，自然不滿中庸和孟子對誠的看法，所以他也提出自己的一套見解，把這個誠字安放在他的思想體系裏。因此我們可以說他也和中庸作者一樣注意到這個誠字，却不能說他襲取了中庸的誠字。

以上兩部書都是儒家的，現在再看看第三部是屬於道家的莊子。

莊子書中共有十六個誠字，除了八個當作助詞用外（註八），其餘的都和中庸的誠字面貌也甚爲相似，如：

「不見其誠己而發，每發而不當」（庚桑楚）

「反己而不窮，循古而不摩，大人之誠」（徐無鬼）

「修胸中之誠，以應天地之情而勿攖」（徐無鬼）

「吾與之乘天地之誠，而不以物與之相攖」（徐無鬼）

「唯仁義之行，唯且無誠」（徐無鬼）

「夫內誠不解，形諜成光」（列禦寇）

「眞者，精誠之至也，不精不誠不能動人」（漁父）

從這些誠字的外貌看來，「誠己」相當於誠身（註九），「反己」相當於反身，「胸中之誠」相當於人之道，「天地之誠」相當於天之道。這樣一來，莊子的誠字豈不是和中庸的誠字如出一轍嗎？如果說誠爲中庸所推重，爲孟荀所發揮，顯然是儒家思想中很重要的一個字，爲什麼莊子也有與趣呢？對於這問題，我們有兩點值得注意：

第一點：我們試分析莊子一書，內篇中只有一個當作助詞用的誠字如「忘其所不忘，此謂誠忘」（德充符），其餘的誠字都在雜篇裏。據一般的看法，內篇最爲可靠，是出於莊子的手筆，外篇和雜篇都滲有後人的作品，如果這一說法不誤的話，那麼雜篇中的這些誠字，是否受到中庸的影響，也是一大疑問。

第二點：我們試分析莊子的誠字，發現其精神仍和中庸、孟子、荀子的誠字截然有別。譬如中庸、孟子的誠，是由仁義行，荀子的誠，是去行仁義，雖然對性的看法不同，但都離不了仁義之行。可是莊子却不同，他說：

「唯仁義之行，唯且無誠」

可見莊子的誠，乃是精神內聚，純化而成的一種至眞的境界。它和仁義的關係，都採取逆轉的方式，由超越仁義而後見精誠。所以在這方面，莊子的誠非但和孟荀的論誠截然不同，而且和中庸的誠也有「幾希」之差了。

以上是就戰國時期對誠特別注重，而這個誠字又和中庸的誠特別相似的三本子書來看。現在還必須一提的是大學一文，以及大學和中庸所出的禮記一經。按照鄭玄六藝論中認爲禮記是孔子以後的七十二子那一班人所編的，中庸注明是子思所作，而大學却沒有寫明是誰所作，直到朱子，才由道統的關係，推定爲曾子所作。對於這個問題，前人的看法多有不同，我們放寬尺度來說，即使大學成於漢儒之手，但其中主要的觀念仍然是來自於先秦時期的孔門弟子（註十）。不僅大學一文如此，整部禮記也是如此。確定了這一點後，我們再來看看大學和禮記其他各篇的誠字。

大學中只有七個誠字，而這七個誠字，只有一個意思，就是誠意。這個誠意的誠，前面接格物，致知，是屬於知的路，後面接正心，修身，是屬於行的路。由知及於行，和中庸的思想並無不合。但這個誠字畢竟落實於意上，和中庸的天道之誠還是有一點距離。

再看禮記其他各篇（除中庸、大學外），共有十五個誠字，如

「禱祠祭祀，供給鬼神，非禮不誠不莊」（曲禮上第一）

「喪三日而殯，凡附於身者，必誠必信，勿之有悔焉耳矣。三月而葬，凡附於棺者，必誠必信，勿之有悔焉耳矣！」（檀弓上第三）

「物勒功名，以考其誠。」（月令第六）

「君子之於禮也，有所竭情盡愼，致其敬而誠若，有美而文而誠若。」（禮器第十）

「天子賜之禮大牢，貴誠之義也。」（郊特牲第十一）

「牲用騂，尚赤也；用犢，貴誠也。」（郊特牲第十一）

「幣必誠，辭無不腆。」（郊特牲第十一）

「使人不由其誠，教人不盡其材，其施之也悖，其求之也拂。」（學記第十八）

「窮本知變，樂之情也。著誠去僞，禮之經也。」（樂記第十九）

從以上的這些誠字看來，多半是誠信連言，這和荀子的端誠，誠信相同，甚之其中「著誠去僞，禮之經也」一條，還和荀子同文。由此看來，禮記其他各篇的誠字，也落實在意上，而且帶有荀學的色彩。因此我們如果把中庸的誠字和大學、及禮記其他各篇的誠字作一比較，便可以看出中

庸誠字的特殊性，也就是說它不僅能落實，而且能上昇，它那種活潑、圓融，具有生命力的特質，不是禮記其他各篇（包括大學）的誠字所能具有的，因此中庸的誠字雖在禮記內，但決不是編禮記的人所能增減一分。這也可以反證中庸的誠字早在秦漢前已經成熟。

最後，我們歸納前面的分析，可以得到下列三點結論：

1. 春秋以前，也只有幾個當作助詞使用的誠字罷了。所以中庸誠字的源頭，只能在戰國時期。

2. 在戰國時期的子書裏，誠字都集中在孟子、荘子、荀子等三書，以及禮記中。而且都和心性的修養有關，所以這個誠字的產生背景，可以說是在於心性問題的成熟。

3. 由易傳，孟子，荘子，荀子，及禮記其他各篇（中庸除外）的誠字看來，不是落實於意上，便是凝聚於心中，都只得到中庸誠字的一面。所以在先秦時論誠的著作中，以中庸一書，最爲完備，也最有深度。

註一 屈萬里尚書釋義敍論：

「此二十五篇（指梅賾所僞造者）之書，自宋吳棫，朱熹，蔡沈，及元胡澄，明梅鷟等皆疑之；至清閻若璩古文尚書疏證及惠棟古文尚書考兩書成後，其爲僞書，遂成定讞。毛奇齡雖著古文尚書寃詞，以攻閻氏之一百二十八證，鐵案如山，絕非毛氏所可動搖矣。」

註二 論語中共有單獨之「天」字十九個，如：

「子曰：不然獲罪於天，無所禱也。」（八佾）
「天將以夫子爲木鐸。」（八佾）
「予所否者，天厭之，天厭之。」（雍也）
「子曰：天生德於予，桓魋其如予何。」（述而）
「子曰：大哉堯之爲君也，巍巍乎唯天爲大。」（泰伯）
「天之將喪斯文也……天之未喪斯文也。」（子罕）
「子貢曰：固天縱之將聖。………」（子罕）
「吾誰欺，欺天乎。」（子罕）
「子曰：噫！天喪予！天喪予！」（先進）
「子夏曰……死生有命，富貴在天。」（顏淵）
「子曰：不怨天，不尤人。下學而上達，知我者天乎。」（憲問）
「子曰：天何言哉，四時行焉，百物生焉，天何言哉！」（陽貨）
「子貢曰……夫子之不可及也，猶天之不可階而升也。………」（子張）
「堯曰：咨爾舜，天之曆數在爾躬。………」（堯曰）

註三 孔子傳易在史記仲尼弟子列傳中有明載：
「商瞿，魯人，字子木，少孔子二十九歲，孔子傳易於瞿，瞿傳楚人馯，臂子弘，弘傳江東人矯庸疵，疵傳燕人周子家豎，豎傳淳于人光子乘羽，羽傳齊人田子莊何，何傳東武人王子中同，同傳菑川人楊何，何元朔中以治易爲漢中大夫。」

註四 徐復觀中國人性論史第十一章：

「老子一書，沒有一個性字，但性字的流行乃在戰國初期以後，所以論語中也只有兩個性字，在現行老子一書中，如後所述，有實質的人性論，但不曾出現性字，這也正可證明它是成立於戰國初期或其以前的東西，不足爲異。」

註五 如：

「誠如是也，民歸之，由水之就下……」（梁惠王）

「王曰，然；誠有百姓者。……是誠何心哉。……是誠不能也。」（梁惠王上）

註六 如：

「百姓誠賴其知也……誠美其厚也。……其所是焉誠美。其所得焉誠大，其所利焉誠厚。」（富國）

註七 唐君毅先生曾就孟荀的誠字加以分析說：

「荀子之言誠，亦不似孟子之重在直繼天道之誠而思誠，以爲人道之反身而誠。而要在由知道而守道行道，以措之於矯性化性之行。而此誠之工夫，則爲致誠固誠篤之工夫。由誠固誠篤之工夫之彰著，而人之精神即下化自然之性，而心之知道之知，亦下貫而條理此自然之性，此知之明，亦澈於此自然之性。故孟子之思誠，乃直明此誠。荀子之致誠，乃由致誠而明。唯此誠而明，又異於中庸所說由誠而明之近乎孟子者。」（中國哲學原論第四章一二一頁）

「其理誠大矣……其理誠高矣。」（禮論）

註八　如：「忘其所忘，而忘其所不忘，此謂誠忘」（德充符）

「則變容易色稱不足者，士誠貴也。」（盜跖）

「夫爲天下者，則誠非吾子之事。」（徐無鬼）

「吾未知善之誠善邪，誠不善邪……誠有善無有哉」（至樂）

「上誠好知而無道」（胠篋）

「吾以無爲誠樂矣」（至樂）

註九　錢穆莊子纂箋「不見其誠已而發」註：

「穆按：中庸曰誠者，不勉而中，不思而得，誠已，卽反身而誠也。」

註十　陳槃大學今釋敍說：

「大學這篇書，無論是誰做的，就說它是西漢的學者們所編述的也罷，然而它的材料，必然是早年傳下來的，而且和孔子一派的儒者，也必然有深切的關係：一則，篇裡頭一再提到『子曰』，這種文例，就是孔子的學生們記述孔子說話最常用的文例；二則，『傳』的六章引述曾子的話，最重要的三則，篇裡頭的思想，非常醇正，眞正可以說是『祖述堯舜，憲章文武。』」

第三章 誠字在中庸裡的地位

既然先秦時期論誠最完備，最有深度的是中庸一書，但中庸一書顧名思義是發揮中庸的道理，究竟與這個誠字又有什麼關係呢？

要解答這個問題，我們還必須先把中庸一書作個簡單的分析：

中庸最通行的分章，是依照朱子所分的三十三章。(註一)

第一章，形同緒論，對於天、性、道、敎、中、和等重要概念，都有簡單的定義。

從第二章到第十一章，都是引證孔子的話，完全以中庸的思想為主。

從第十二章到二十章前半段，是把孔子有關修身，爲政的思想加以闡述。

從第二十章後半段到第二十六章，所論的都以一個誠字爲主。

從第二十七章以後，都是贊歎至誠和至聖的境界之辭。

由這一分析看來，從第二章直到第二十章前半段，既然都是引證或闡述孔子的思想，當然不能代表中庸作者的獨創見解。至於第二十七章到最後一章，既然都是贊歎之辭，顯然是有所本而不是思想的重心，最多只有輔助解釋之用而已。那麼，剩下來眞正是中庸的精髓自然只有第一章，及從第二十章後半段到第二十六章了。

本文在這一章中所要研究的就是：中庸後段所論的誠字，究竟與前面引證和闡述孔子有關中庸及修身爲政方面的思想有何關係，如果毫無關係的話，那麼中庸一書是雜湊之作，根本談不上發揮孔子的微言大義了。

首先，請看朱子在中庸章句裡引二程的話說：

「此篇乃孔門傳授心法，子思恐其久而差也，故筆之於書，以授孟子，其書始言一理，中散爲萬事，末復合爲一理，放之則彌六合，卷之則退藏於密，其味無窮，皆實學也」。

像朱子和程子這般篤實謹嚴的大哲，當然不會無的放矢。從這段話裡可以看出他們所謂「始言一理」是指第一章所揭發的中，及以下十章所鋪陳的「庸」之理，正如朱子在第一章之後說：

「右第一章，子思述所傳之意以立言，首明道之本原出於天，而不可易，其實體備於己，而不可離。次言存養省察之要，終言聖神功化之極，蓋欲學者於此，反求諸身而自得之，以去夫外誘之私，而充其本然之善，揚氏所謂一篇之體要是也。其下十章，蓋子思引夫子之言，以終此章之義」。

所謂「中散爲萬事」是指第十二章到第二十章所論修身，爲政之事，正如朱子在第十二章之後說：

「右第十二章，子思之言，蓋以申明首章，道不可離之意也，其下八章，雜引孔子之言以明之」。

所謂「末復合爲一理」是指第二十章以後所論的誠字，正如朱子在第二十一章之後說：

「右第二十一章，子思承上章夫子天道人道之意而立言也，自此以下十二章，皆子思之言，以反覆推明此章之意」。

筆者以爲朱子的這種看法極有見地，本章所要研究的就是這「末復合爲一理」的理，是否能契合於「始言一理」的理，以及「中散爲萬事」的事。也就是說，最後所總結的這個誠字，是否能統括前面所論的中庸思想。

我們先看第二章到第十一章。在這幾章中，都是介紹中庸的重要和偉大。由於第三章中所說的：

「子曰：中庸其至矣乎，民鮮能久矣」！

完全相同於論語雍也篇的：

「子曰：中庸之爲德也，其至矣乎，民鮮久矣！」

可見中庸這幾章裡所引述的中庸觀念，的確是孔子已有的（註二）。但就這幾章所論的中庸看來，意義非常簡單，就是第四章中所說的：

「道之不行也，我知之矣，知者過之，愚者不及也，道之不明也，我知之矣，賢者過之，不肖者不及也，人莫不飲食也，鮮能知味也」。

所以中庸兩字，按照中庸裡引證孔子的話來看，只是無過與不及的意思。這意思雖然簡單，但却具有很深刻的哲學根據，不過孔子罕談抽象的原理，在這些話中只告訴我們「君子而時中」、「用其中於民」、「中立而不倚」，却並沒有說明這個無過與不及的「中」的本體是什麼？對於這個孔子罕談的問題，中庸作者却加以發揮，這就是第一章之作：

「天命之謂性，率性之謂道，修道之謂敎。道也者，不可須臾離也，可離非道也。是故君子戒愼乎其所不睹，恐懼乎其所不聞，莫現乎隱，莫顯乎微，故君子愼其獨也。喜怒哀樂之未發，謂之中，發而皆中節，謂之和。中也者，天下之大本也；和也者，天下之達道也。致中和，天地位焉，萬物育焉」。

這一章中，有三個重點，就是率性，愼獨，與中和。

在這裡中庸作者對中和的見解，可以說明了孔子的中庸觀念。前面我們曾提到孔子的中庸只是無過與不及的意思，這種無過與不及，就性體來說，乃是喜怒哀樂未發前的「中」；就作用來說，乃是發而皆中節的「和」。正如朱子所說：

「喜怒哀樂，情也。其未發，則性也。無所偏倚，故謂之中。發皆中節，情之正也，無所乖戾，故謂之和。大本者，天命之性，天下之理皆由此出，道之體也。達道者，循性之謂，天下古今之所共由，道之用也」。

可是在這裡有個問題，就是孔子言中庸，爲什麼這一章裡却言中和。以筆者的看法，可能有兩個原因：

1.孔子講中庸是就日常生活處着眼，所謂「庸德之行，庸言之謹」，這個「庸」，含有平常，日用，及近易的意思。而第一章裡的中和是就心性工夫上立說，所謂「發而皆中節」，「致中和」，含有圓融，周全，和諧的意思。所以朱子在中庸或問中便說：「庸是見於事，和是發於心」。

2.中庸之作本是爲了要替孔子的中庸思想建立理論根據。但要建立理論根據，必須植根於性體，才能深入；必須在心性上有一段工夫，才能切實。而中庸第一章的講中和，正是要把孔子所說的中庸推展到性體上去，再開出一段工夫來。

由以上兩個原因，可以看出中庸作者在第一章上先講中和，正是表明了該書所發揮的乃是盡性之學。整部中庸便是從這方面開展的。

現在我們再來看看這個「和」，是如何緊扣着「中」，如何內接於「性」的。因爲「中」是「喜怒哀樂之未發」，按照朱子的解釋就是「性」；「和」是「發而皆中節」，按照中庸自已的解釋乃是「達道」，所以中與和的連接，就是性與道的連接，因此要了解中與和的關係，便必須了解「率性之謂道」的思想。

「率性之謂道」一語，依朱子的解釋是：

「率，循也；道，猶路也。人物各循其性之自然，則其日用事物之間，莫不各有當行之路，是則所謂道也」。

可是什麼是性之自然？如果按照荀子所謂「生而有好利焉」，「生而有疾惡焉」，「生而有耳目之欲，有好聲色焉」，是性之自然，則率之而爲惡，又怎能稱爲道。如果按照老莊所謂「絕聖棄智」，「絕仁棄義」，以復返於無知無爲的境界是性之自然，則率之而爲老莊的道，又怎能爲儒家所遵循。因此率性的性字，必然有所限定。所以中庸在「率性之謂道」上，又加了一句「天命之謂性」，這句話依朱子的解釋是：

「命猶令也，性卽理也。天以陰陽五行化生萬物，氣以成形，而理亦賦焉，猶命令也。於是人物之生，因各得其所賦之理。以爲健順五常之德，所謂性也」。

朱子一面把天命解作天的命令，一面又使性雜於陰陽五行的氣化，顯然不夠純粹。以筆者的看法，中庸開端的三句話中，每句話的重點都在第一個字。譬如：「修道之謂教」，是說這個「教」，在於「修」道，不修便不能爲教。像道家不重於修，自然不能成爲人倫日用，最切實的教化。（詳論見第七章）。「率性之謂道」，是說這個「道」，在於「率」性。這個「率」字含有遵循的意思，違背了性，當然不是「率」，放任於性，偏於本能欲望，也不能稱爲「率」，所以都不是「道」。「天命之謂性」，是說這個「性」，是由「天」所命，命字含有賦予的意思，本來性字可以用「生而自然」爲定義，如告子的「生之謂性」，荀子的「生之所以然者謂之性」，但單以「生」去講性，易限於「食色」的本能，和「精合感應」的生理現象。而中庸的這個性字上加了一個天字，無異使得這個性能夠契合於天道的至眞，所以性既然得之於天道，率性自然是道了。

由於這個性有得於天道，而不雜於人欲，所以是喜怒哀樂未發的「中」。這個「中」，就是性的本色。當我們和物相交之後，才有喜怒哀樂的情。這正同日光一樣，本爲白色，經過了稜鏡的折射後，才形成紅橙黃綠藍靛紫等七色。不過這七色如果再經稜鏡的折射，又回復成原來的白色。但性動了，變爲情後，只有兩種可能，一種是絕情而復性，這多爲佛道兩家所採取，另一種卽是中庸所謂「發而皆中節」，使情合乎禮，該喜的時候喜，該怒的時候怒，喜怒恰如其份，這便是和。所以「和」，可以說是率性的一種境界。

然而我們究竟要在什麼時候，什麼地方，用什麼方法去保養「和」呢？在第一章裡，中庸作者又提到「愼獨」兩字。因爲當我們一和外物相交，性便發動而爲情。「致中和」的工夫，就要做在這個發動的開端處。由於這個開端處在自己方寸的心上，所以這個率性的道，當然是圍繞着自己，不可須臾離的了。也由於不可須臾離，因此在一舉一動，一念一慮之間都要留意。要做到這點，便先要能愼獨。「愼獨」兩字，按照朱子的解釋是：

「獨者，人所不知而已所獨知之地也。言幽暗之中，細微之事跡，雖未形而幾則已動，人雖不知，而已獨知之，則是天下之事無有著見明顯而過於此者，是以君子既常戒懼，而於此尤加謹焉，所以遏人欲於將萌，而不使其潛滋暗長於隱微之中，以至離道之遠也」。

朱子這段話有兩個困難：

1. 人欲從何而來，如果是萌於性的話，那麼性中有欲，率性又怎能成道？
2. 人欲如果是指喜怒哀樂的話，那麼喜怒哀樂是惡，又如何能「發而皆中節」。這豈非與率性的理論矛盾了嗎？

這兩個問題是宋明儒家所爭論不決的懸案。現在暫且不提（留待本章後面及第六章論致曲時再談）。我們就先秦的思想來看，像莊子、荀子等人，也早已觸及了這個問題，而且還特別注重愼獨的獨字。如莊子曾假託一位隱士談修道的過程說：

「參日，而後能外天下，已外天下矣，吾又守之七日，而後能外物，已外物矣，吾又守之九日，而後能外生，已外生矣，而後能朝徹，朝徹而後能見獨，見獨而後能無古今，無古今而後能入於不死不生」（大宗師）

從這段話中，可以看出莊子的見獨是在外天下，外物，外生，而達到朝徹之後的一個境界。朝徹是形容心地的清明。朝徹之後，才能見到絕對的性體。所以莊子的獨，是超越外物的獨，是哀樂不能入的獨。也就是說莊子是要超脫喜怒哀樂以復性的。如他在庚桑楚中曾說：

「徹志之勃，解心之繆，去德之累，達道之塞。富貴顯嚴名利，六者，勃志也。容動色理氣意，六者，繆心也。惡欲喜怒哀樂，六者，累德也。去就取與知能，六者，塞道也。此四六者，不盪胸中則正，正則靜，靜則明，明則虛，虛則無爲而無不爲也」。

可見莊子的見獨，與中庸那種扣緊了「發而皆中節」的愼獨，是大不相同的了。

再看荀子在不苟篇中曾說：

「善之爲道者，不誠則不獨，不獨則不形，不形則雖作於心，見於色，出於言，民猶若未從也」。

這裡的獨字和誠字連在一起，顯然是因愼獨而發的，但由於荀子對誠的理解，始終偏於意志力方面，因此他所謂的獨，也就是意志專注，所表現出的堅毅不拔的人格。這與中庸那種扣緊了「率性之謂道」的愼獨，自然是理趣不同的了。

其實莊荀兩人對「獨」的看法，多較爲抽象，遠不如中庸的愼獨那樣平實。要了解中庸的愼獨，我們最好拿大學的愼獨來印證：

「所謂誠其意者，毋自欺也，如惡惡臭，如好好色，此之謂自謙，故君子必愼其獨也，小人閒居爲不善，無所不至，見君子而后厭然，揜其不善，而著其善，人之視己，如見其肺肝然，則何益矣，此謂誠於中，形於外，故君子必愼其獨也。曾子曰：『十目所視，十手所指，其嚴乎』！富潤屋，德潤身，心廣體胖，故君子必誠其意」。

這段話說得非常明白，所謂愼獨，就是在個人閒居獨處時，要「誠其意」。中庸的愼獨，卽本於此。不過大學的愼獨多注重意上的自謙，而中庸的愼獨，却上接於性體。也就是說中庸的愼獨，比大學的愼獨，更注重心性的工夫（註三）。這工夫就是要在喜怒哀樂將發時，要保養一個和字，使其「發而皆中節」。在這裡，中庸愼獨所注重的工夫，沒有前面朱子那段話的兩個困難。因爲中庸上不主張欲是萌於性的，也不承認喜怒哀樂是惡的。而是說當喜怒哀樂發爲情後，如果發而皆中節，是善；發而不中節，便成爲惡。所謂率性，就是循性之中，自然能發而皆中節。由此可知，致中和，率性，愼獨，雖然名詞不同，但目的是一個，工夫是一套。

以上我們簡略的看過中庸作者替孔子的中庸在人性上所建立的根據，接着更要看看這個根據與「誠」之間究竟有何關係。也就是要研究一下朱子和程子所謂的「始言一理」，是否與他們所謂的「末復合爲一理」相承貫。

前面，我們在引證大學的愼獨時，可以看到大學的作者是把愼獨和誠意連在一起，因爲愼獨所愼的，就是自己的意是否誠。雖然中庸並沒有把愼獨歸結到誠字上，但中庸的愼獨，毫無疑問的，就是大學的愼獨，所不同的，只是在誠的工夫上有深淺而已。再看荀子所謂「不誠則不獨，不獨則不形」，也是把誠和獨字連在一起，儘管荀子的獨字另有新解，但這個新解却是由於他對誠的看法不同而來，至於這個「獨」字也本是從「愼獨」變化而成的（註四）。由這點更可證明，把愼獨和誠字連在一起，已是當時儒家的通解，所以中庸第一章的愼獨，顯然是和後面的誠字，血脈相貫的。

中庸愼獨所戒愼恐懼的，乃是爲了要使喜怒哀樂的情，發而皆中節。但如何才能使其中節呢？中庸第二十章上說：

「誠者，不勉而中，不思而得，從容中道，聖人也；誠之者，擇善而固執之者也」。這段話按照朱子的解釋是：

「聖人之德，渾然天理，眞實無妄，不待思勉，而從容中道，則亦天之道也。未至於聖，則不能無人欲之私，而其爲德不能皆實，故未能不思而得，則必擇善，然後可以明善，未能不勉而中，則必固執，然後可以誠身，此則所謂人之道也。不思而得，生知也。不勉而中，安行也，擇善，學知以下之事，固執，利行以下之事也」。

這裡所謂「誠者」，是指聖人的境界。其實聖人只是一種理想，聖人之言，就是道，所以聖人也就是道的人格化。在現實的人生中，雖然都不是聖人，但却都以聖人爲做人的最高標準。由於我們不是聖人，因此不能生來就性德圓滿，而必須戒愼恐懼，擇善固執，才能使喜怒哀樂發而皆中節，如孔子讚美顏回說：

「回之爲人也，擇乎中庸，得一善，則拳拳服膺，而弗失之矣」！

其實孔子自身「四十而不惑」，「五十而知天命」，還是在擇善的階段（註五），直到「七十而從心所欲，不踰矩」，才是不勉而中的聖人境界。所以對一般人來說，都要擇善，隨時隨地，使喜怒哀樂之情合於禮，到了最後，工夫純熟，便能自然的中節，他自己的一舉一動，無不是性體的流露。對於這點，中庸第二十一章特別加以說明：

「自誠明，謂之性，自明誠，謂之教，誠則明矣，明則誠矣」。（註六）

朱子的解釋是：

「德無不實，而明無不照者，聖人之德，所性而有者也，天道也。先明乎善，而後能實其善者，賢人之學，由教而入者也，人道也。誠則無不明矣，明則可以至於誠矣」！

然而無論是聖人，或一般人，無論有「不勉而中」，或「擇善固執」的不同，但都是合於「率性之謂道」，都離不了一個誠。由此可見中庸在第一章中所強調的率性，愼獨，致中和，最後，都歸結於這個誠字。

接着我們再看看「始言一理」，如何「散爲萬事」，以及散爲萬事之後，又如何「末復合爲一理」，又歸於一個誠字。

所謂「中散爲萬事」的萬事，可以總括爲宗教、政治、倫理、德行四方面。

先從宗教方面來看，最值得注意的是第十六章：

「子曰：『鬼神之爲德，其盛矣乎！視之而弗見，聽之而弗聞，體物而不可遺，使天下之人，齊明盛服，以承祭祀，洋洋乎如在其上，如在其左右。詩曰：「神之格思，不可度思，矧可射思」。夫微之顯，誠之不可揜如此夫』。」。

這段話裡的鬼神，按照朱子的集註上說：

「程子曰：『鬼神，天地之功用，而造化之迹也』，張子曰：『鬼神者，二氣之良能也』。愚謂以二氣言，則鬼者陰之靈也，神者陽之靈也。以一氣言，則至而伸者爲神，反而歸者爲鬼，其實一物而已」。

朱子的這個註解，過份虛玄，未必是中庸的原意。這段話既然寫明是孔子說的，那麼我們就從論語中所提到的鬼神來看：

「子曰：『非其鬼而祭之，諂也』。」（爲政）

「子曰：『務民之義，敬鬼神而遠之，可謂知矣』。」（雍也）

「子曰：『禹，吾無間然矣，非飮食而致孝乎鬼神』。」（泰伯）

「子曰：『未能事人，焉能事鬼』。」（先進）

從這些引證中，可以看出孔子所說的鬼神，是一般民間所謂的鬼神，包括了自己的祖宗，以及其他山川鬼神。而孔子對其他鬼神的態度是敬而遠之，避而不談，只讚成對祖宗的祭祀。由「致孝乎鬼神」的孝字上，便可以看出他推崇祭祖的精神。在中庸第十九章裡寫得極爲明白：

「春秋修其祖廟，陳其宗器，設其裳衣，薦其時食，宗廟之禮，所以序昭穆也，序爵，所以辨貴賤也，序事，所以辨賢也，旅酬下爲上，所以逮賤也；燕毛，所以序齒也，踐其位，行其禮，奏其樂，敬其所尊，愛其所親，事死如事生，事亡如事存，孝之至也。郊社之禮，所以事上帝也；宗廟之禮，所以祀乎其先也，明乎郊社之禮，禘嘗之義，治國其如示諸掌乎」！這說明了祭祀的最重要意義，是爲了鞏固倫理。而倫理乃是治國平天下的根本。所以在這幾章中（自第十二至二十章），開端卽揭出「君子之道，造端乎夫婦」，要我們「宜爾室家，樂爾妻帑」接着由「鬼神之爲德」，談到「舜其大孝也與」，「武王周公，其達孝乎」！最後又歸結到「爲政在人」。這是把宗教、倫理、和政治打成一片。而這三者所以能打成一片的關鍵，乃是在於修身。在中庸第二十章中曾說：

「故爲政在人，取人以身，修身以道，修道以仁。仁者，人也，親親爲大；義者，宜也，尊賢爲大。親親之殺，尊賢之等，禮所生也。在下位，不獲乎上，民不可得而治矣。故君子不可以不修身，思修身，不可以不知人，思知人，不可以不知天」。

在這裡說明了爲政的先決條件在於修身，而修身的先決條件在於事親，知人，知天。所以這是把政治、倫理、宗教問題連成了一體。

至於如何修身呢？在這幾章中，總括修身的德行不外乎知仁勇三字，在第二十章中曾指出：

「天下之達道五，所以行之者三，曰：君臣也，父子也，夫婦也，昆弟也，朋友之交也。五者天下之達道也。知仁勇三者，天下之達德也，所以行之者，一也。或生而知之，或學而知之，或困而知之，及其知之一也。或安而行之，或利而行之，或勉強而行之，及其成功一也。子曰：『好學近乎知，力行近乎仁，知恥近乎勇』，知斯三者，則知所以修身」。

好學是求知之誠，力行是求仁之誠，知恥是求勇之誠。所以這修身的三達德，都要靠一個誠字爲動力。

在宗教上，講「夫微之顯，誠之不可揜如此夫」的誠，在政治上，講「凡爲天下國家有九經，所以行之者，一也」的誠（按朱子解釋：「一者，誠也」），在倫理上，講「反諸身不誠，不順乎親」的誠。可見無論宗教、政治、倫理，都是用這個誠字「一以貫之」。

由以上的分析看來，這幾章中所論的，都是從「始言一理」引申而出，最後又自然的「復合爲一理」。因此可見這個誠字，可以貫通整個中庸思想的精神。沒有這個誠字的建立，中庸雖重要，却微而不顯，孔子雖讚美中庸，而一般人却把握不住。所以中庸的畫龍點睛之筆，就在於揭出一個誠字，把儒家的整套思想，融成了一體。

註一　中庸古本，依照孔穎達的分法，有三十三節，雖然跟朱子所分的章數一樣，但每節中文字的長短，就不一致，而且他的劃分，沒有頭緒。令人看不出思路來。後來關於中庸的分章，還有很多，如程伊川在中庸解裡，分三十七節，晁說之在中庸傳裡，分八十二節，黎立武在中庸分章卷中分十五章，吳澄在中庸綱領裡，分七節三十四章，葛寅亮在四書湖南講裡，分七段三十二章。但以朱子的分章最爲清楚而又最爲通行，所以本文仍採用朱子之分章。（參見高仲華教授「禮學新探」）

註二　錢穆博士「論語新解」雍也注：

「小戴禮中庸篇有曰：『中庸其至矣乎？民鮮能久矣！』與論語本章異。論語言中庸，乃百姓日用之德，行矣而不著，習矣而不察，終身由之而不知其道者。若固有之，不曰能也，小戴禮中庸篇乃以中庸爲聖人所不知不能者，故曰民鮮能。若論語則必言仁與聖，始是民鮮能也。」

雖然錢博士從一個「能」字上去推定論語的「中庸」是指日常之德，而小戴禮內的中庸是就比德更高的道體而言。但這只是就論語和中庸通篇的旨趣來看。至於小戴禮內的中庸卻仍然是從論語而來的。

註三　唐君毅先生曾就這方面比較說：「大學之愼獨工夫，則獨居時如爲『十目所視，十手所指』之義，而如對越人前，如見君子。中庸愼獨工夫，上承天命之性，而可上達天德，則有如對越上帝上天。斯大學中庸之個人愼獨，卽涵具一對於超我個人之他人君子或上天上帝之無怍無愧於其內。中庸以戒愼恐懼之義言愼獨，尤密於大學以自謙言愼獨者，則在中庸之戒愼恐懼，乃一既知道行道合道之德性心（卽中庸之性德）恒自懼其將陷於非道之情。故戒愼恐懼，乃一能合於道之德性心之求自保自持」。（中國哲學原論第四章一三三頁）

註四　按思想用語由簡易平實而抽象玄深看來，學庸的「獨」要比莊荀的「獨」爲較早。

註五　所謂「不惑」和「知天命」，仍然是用知，未能不思而得，所以還未達到聖的境界。

註六　如改成自誠明謂之率性，自明誠謂之修道，則這段話將更爲明白可解。

第四章　誠是天人合一之道

前面我們已看過誠字在中庸裏的地位，現在接着要研究中庸裏這個誠字的特殊精神。以筆者的看法，在中庸裏，這個誠字有兩大特質，一是由下而上，爲天人合一之道，一是由內而外，爲內聖外王之道。

我們先看誠何以是天人合一之道。

在本文第二章中，我們曾看到這個誠字並非中庸所專有，像孟子、莊子、荀子等書中都曾談到，不過用這個誠字去貫通天人之道，作爲整個思想支柱的，却只有中庸一書。

在中庸第二十章裏曾特別指明說：

「誠者，天之道；誠之者，人之道」。

雖然這兩句話曾見之於孟子書中，但那只是孤懸在離婁篇的一章裏，不像中庸自第二十章以後，便都用誠字去發揮天人合一之道。

就拿這兩句話來看，後面的「誠之者」的誠字，當作動詞用，乃是去實踐誠的意思，而其所實踐的誠，正是前面的「誠者」的誠。所以這兩句話的重心在於「誠者，天之道」。我們要了解誠何以是天人合一之道，就必須先了解誠何以是天之道。而要了解誠何以是天之道，更應認清什麼是天道。

人類最早接觸到的是物理的天，但至今仍然擺脫不了它的束縛。因爲我們始終生活在這個蒼穹內，爲天所覆。(註一)不過天的存在只是物理的現象，在哲學上並不重要；重要的是我們對它的看法，這種看法却是人類思想的所本。

在中國古代對於天的看法大致有兩條路線，一是認爲物理之天的背後，有一個主宰的神靈；一是認爲物理之天的背後，有一種必然的法則。前者的觀念本是上古思想發展必經的途徑，譬如詩經，尚書中提到的天命，都是指天有賞善罰惡的能力，可以左右政治的興衰(註二)。這種擬人格的天命觀念，這種藉天意以設教的政治思想，比起那種盲目的庶物崇拜來，顯然是進步多了。所以孔子對於這種觀念仍然採取保留的態度。至於後一觀念，却是更進一步把前一觀念加以修正。這裏所謂修正並不是推翻，而是加以改善的意思。譬如後者雖不強調天是有意志，能賞罰的，但也不承認天完全是一種盲目的機械作用。他們保存了天命的觀念，不過他們所謂天命並不是外在的一種天的命令，而是宇宙的生機，這種生機是和人性相連的，以人的眼光來看，就是天道。這個天道是有它的理則，有它的法象，人可以憑藉這些理則，法象，以窺測天行，與天合一。這種觀念發展得最成熟的，就是易傳和中庸二書。

由於中庸是儒家的作品，我們研究誠者的天之道，自然是指儒家的天道。而儒家在天道方面，闡發得最具體的，當然首推易傳一書，前人常說：「易和中庸相表裏」。因此本章研究誠者的天之道，是先參考易傳作者對天道的看法，然後再去說明中庸作者何以把誠當作天之道。

易傳上的天道觀念有兩個特色

1. 天道是神而不秘的本體：

孟子在盡心篇中曾說：

「聖而不可知之之謂神」。

這是說高明到了極點，達到不可思議的境界時，便稱爲神。天之受人崇拜，令人敬畏，也就是由於具有這點不可測的神性。如繫辭傳上所謂：

「陰陽不測之謂神」。（易上傳第五章）

「範圍天地之化而不過，曲成萬物而不遺，通乎晝夜而知，故神無方而易無體」。（易上傳第四章）

不過天道雖然具有這種不可思議的神性，却並非躲在象牙塔內，故示神秘。事實上，天雖「神」而「不秘」。我們可以從易傳中的許多神字上看出，如：

「神而明之，存乎其人」。（易上傳第十二章）

「知變化之道，其知神之所爲乎」！（易上傳第九章）

「精義入神，以致用也」。（易下傳第五章）

「神也者，妙萬物而爲言者也」。（說卦傳第六章）

「知幾其神乎」！（易下傳第五章）

由這些例句看來，人是可以明神、知神、入神。這豈不是與前面「神無方」的不可測性相矛盾嗎？其實不然，天道之所以神，乃在於它能妙萬物。由於它能妙（此處之妙字，和佛家眞空妙有之妙字，甚爲相似。和老子所謂生而不有，爲而不恃長而不宰相通，故都可謂之妙），自然是不可思議的，但由於它所妙的是萬物，也就是說它的妙是不離萬物，因此它仍然有微妙的軌跡可尋，這軌跡就是所謂的「幾」，「幾」，雖然是「動之微」，但我們如果能把握它，它的原理却是非常簡易的，所以繫辭傳上特別強調說：

「乾以易知，坤以簡能，易則易知，簡則易從，易知則有親，易從則有功，有親則可久，有功則可大，可久則賢人之德，可大則賢人之業。易簡而天下之理得矣，天下之理得，而成位乎其中矣」！（易上傳第一章）

乾坤代表天地，也卽是天道。可見天雖然高深莫測，但它的作用，却是神而不秘，易知易從的。因此人可以從它的作用上，窺測天行。這是儒家天道觀念的一大特色。易傳和中庸都是從這方面建立了它們的理論根據。

2.天道是生生不已的動能

繫辭傳上說：

「天地之大德曰生」。（易下傳第一章）

顯然天道的偉大處，不只是在於它能「妙萬物」，而在於它能「生萬物」。孔子曾贊歎說：

「天何言哉，四時行焉，百物生焉」。

使四時行，百物生的，是天道的功用，繫辭傳上也說：

「剛柔相摩，八卦相盪，鼓之以雷霆，潤之以風雨，日月運行，一寒一暑，乾道成男，坤道成女，乾知大始，坤作成物」。（易上傳第一章）

「乾知大始」，是指乾道付予精神或原理，「坤作成物」，是指坤道付予形體或物質，由這兩者的配合，而化生萬物。

在這裏千萬不能誤爲天生萬物，是像宗教裏所謂上帝造物似的，完全取決於上帝的意志，聽信上帝的支配。其實天之生物，只是把一個生生之理付予萬物，而任物去自生自化。繫辭傳上曾說：

「生生之謂易」。（易上傳第五章）

這裏的生生，一面是指天道的生生之德，一面是指萬象的生生不已。關於天道何以有這種生生之德，這是非常奧妙的，連孔子也敬而罕談，當然我們今天仍然無法窮究。雖然如此，但我們却可以從生生的變化中去推知其作用，這種作用就是繫辭傳上所謂的：

「一陰一陽之謂道，繼之者善也，成之者性也」。（易上傳第五章）

按朱子在周濂溪通書註中對這段話的解釋是：

「繼之者善，是天道之流行賦與，所謂命也。成之者性，是人物之稟受成質，所謂性也」。

這是說萬物的化生，是由陰陽的作用，天道所付予萬物生生之理，也就是陰陽兩個動力而已。因此在整個變化的歷程中，只是陰陽的相感相生，每一物中都有陰陽，所以每一物在宇宙中所擔任的角色，都是主，也都是賓，都是母，也都是子。這是它們的自生自化，也是天道之所以能生生不已。

不過在這裏還有一個重要的問題，就是天道既然是付予萬物以生生之理，它自己是否退遲在一旁呢？如果是這樣的話，天道豈非神而又秘了嗎？事實不然，天道是寓於生生之理中，當它把生生之理付予萬物時，也把自己納入了萬物。所以萬物的生生不已，正是天道的生生之德。這是儒家天道觀念的第二大特色，也是易傳和中庸的血脈所在。

前面我們已看過易傳上天道觀念的兩個特色。雖然易傳未必是孔子所作，但就「神而不秘」，和「生生不已」兩個標題來看却和論語中孔子對天道的看法是一致的如：

「子曰：『天何言哉，四時行焉，百物生焉，天何言哉』」。（陽貨）

這正是天道的神而不秘。

「子在川上，曰：『逝者如斯夫，不舍晝夜』」。(子罕)

這正是天道的生生不已。

不過易傳對這兩個特色，都是就物象，和陰陽上立論，似乎偏重於自然現象，究竟是否孔子的本意，我們不得而知。至於中庸作者對天道的看法，也是具有「神而不秘」，和「生生不已」的兩個特色，可是他用誠字去釋天道，却和易傳作者走着不同的路線(註三)。因爲易傳的道是一陰一陽的變化。順這種變化的是善，稟受這種變化的是性。可見易傳所謂的道、善、和性都是受陰陽的限定。後來朱子在註中庸「天命之謂性」一句時，也同樣以陰陽五行去釋性。但性是心之體，我們的心之體如果完全稟受陰陽而成的話，豈不是物質化了嗎？荀子曾替性下定義說：「生之所以然者，謂之性；性之和所生，精合感應，不事而自然謂之性」。(荀子正名篇)楊倞曾註說：

「和，陰陽沖和氣也，事，任使也。言人之性，和氣所生，精合感應，不使而自然，言其天性如此也」(荀子集解)

這樣一來，易傳的性，和荀子的性，同爲陰陽所生，最多只是一種本能，並無道德的必然性。

中庸一書却不然，在第一章裏只說「天命之謂性」，並沒有在天命和性中間夾了陰陽，接着自第一章到第二十章的前半段，都是就人生實踐的道德來論，也沒有用陰陽五行去談天道。最後，從這些實踐的道德中提鍊出一個誠字來，認爲「誠者，天之道」，以扣回開端第一句「天命之謂性」。自此以後，中庸作者便大談性與天道，而他所談的性是「誠明之謂性」，他所談的天道，是至誠的天道。所以中庸和易傳在天道觀念方面最大的不同是：中庸把天道歸於一個誠字。

然而這個誠字，依照一般的運用，都當作實踐道德的一個德目，或心性修養的一種工夫，中庸作者又如何能把它提昇爲天之道呢？

首先我們要看看誠字的含義，朱子曾說：

「誠，實理也，亦誠慤也。由漢以來，專以誠慤言誠，至程子乃以實理言。後學皆棄誠慤之說不觀。中庸亦有言理爲誠處，亦有言誠慤爲誠處」（朱子語類卷六）

這裏所謂誠慤是指一般信守仁義的態度而言，荀子書中常誠慤連言，如：

「端慤誠信，拘守而詳」（修身）

「上端誠則下愿慤」（正論）

其實誠慤只是誠在態度上的一種表現，本來就包括在作爲實理的誠字內，並非另有新解，所以中庸強調的誠子，實際上，就是實理的誠。那麼朱子爲何把誠字釋爲實理呢，這是因爲朱子要找一種解釋，可以說明中庸裏貫通天人合一之道的誠，所以他把誠字解作「眞實無妄」。眞實無妄，就是實理。

朱子用眞實無妄去釋誠，上面「眞實」兩字，偏於天道的存在意義，下面「無妄」兩字，偏於人道的價值意義（註四）。所以這個誠字，是合天人之道而言，是貫通了形上形下的。在中庸裏，並沒有說天道如何如何，只說「誠者，天之道」，這一方面是把形上的境界，道德化，一方面是使實踐的道德有形上的基礎。認清這點，我們才能看出中庸作者拈出一個誠字，是自有其旋乾轉坤的作用。

現在，我們就接着看看中庸作者是如何使形上的境界，道德化，使實踐的道德有形上的基礎。

1.至誠如神：

中庸第二十四章上說：

「至誠之道可以前知，國家將興，必有禎祥，國家將亡，必有妖孽，見乎蓍龜，動乎四體，禍福將至，善，必先知之；不善必先知之，故至誠如神。」

這段話在表面上看，好像是在談占卜之術，與漢代的陰陽讖緯相似，而實際上，它是從易經的思想轉化而出，其精神更邁越了易理。

拿易經來說，雖然其原始面貌是占卜之書，但其精神却不在於陰陽讖緯之術。因爲易理雖可見天道，但天道却是神而不秘的，繫辭傳上曾明白的說過：

「神以知來，知以藏往」。（易上傳第十一章）

知來，卽是所謂的前知，好像具有微妙的神通，但何以能知，這個知之所以能知來，或前知；就在於其能藏往。也就是把過去累積的經驗加以歸納，以推知未來的發展。這道理正如朱子在大學章句中所註的：

「蓋人心之靈，莫不有知，而天下之物，莫不有理，惟於理有未窮，故其知有不盡也。是以大學始教，必使學者卽凡天下之物，莫不因其已知之理，而益窮之，以求至乎其極，至於用力之久，而一旦豁然貫通焉，則衆物之表裏精粗無不到，而吾心之全體大用無不明矣。」

能夠達到「衆物之表裏精粗無不到」，「吾心之全體大用無不明」，可以說已進入了神化的境界，但其方法却只是「因其已知之理，而益窮之」罷了。易傳所謂「知幾」，「通神」也正是本着這個道理，並沒有任何奧秘之處。

然而我們何以見得中庸第二十四章所談的，不僅有別於陰陽讖緯，而且還邁越了易理呢？關鍵就在「至誠如神」一語。因爲陰陽讖緯拘於術數，易理講求事象，兩者儘管在境界上有高低的不同，但都是向外求理。而這句話用至誠兩字作歸結，却把整個帶有神秘色彩的玄學，一變而爲心性的修養工夫。

「中庸」「至誠如神」一語，無獨有偶，在荀子書中可以找到共鳴，如：

「公生明，偏生闇，端愨生通，詐僞生塞，誠信生神，夸誕生惑」（不苟篇）

「得衆動天，美意延年，誠信如神，夸誕逐魂」（致士篇）

這裏的「誠信生神」，「誠信如神」，和中庸「至誠如神」是同一種作用。按照荀子的思想來說，他對天道的見解，沒有玄學的味道。他這兩句話所強調的，顯然不是神，而是誠信的力量。同理，中庸「至誠如神」一語所強調的，決不是「見乎蓍龜」的占卜，而是「動乎四體」的至誠的表現。所以經過了中庸作者的這一歸結，他說「至誠之道，可以前知」，就等於用至誠揚棄了「前知」，他說「至誠如神」，就等於用至誠代替了神。（註五）

2.至誠無息

中庸第二十六章上曾說：

「故至誠無息，不息則久，久則徵，徵則悠遠，悠遠則博厚，博厚則高明，博厚所以載物也，高明所以覆物也，悠久所以成物也。博厚配地，高明配天，悠久無疆，如此者，不見而章，不動而變，無爲而成，天地之道，可一言而盡也，其爲物不貳，則其生物不測。……詩云：『維天之命，於穆不已。』蓋曰：天之所以爲天也。於乎不顯，文王之德之純，蓋曰：文王之所以爲文也，純亦不已」。

這一大段話，朱子標明是「言天道也」。前面我們在論到易傳對天道的看法時，曾說天道是生生不已的，而這段話所談的天道，也是生生不已的，朱子在其中便一再的註說：

「言天地之道，誠一不貳，故能各極其盛，而有下文生物之功」。

「皆以發明由其不貳不息以致盛大而能生物之意」。

「誠故不息，而生物之多，有莫知其所以然者」。

可是這種天道的生生不已，和誠字又有什麼關係呢？

在易傳作者的眼光中，天道的生生不已，是由於陰陽的變化，而陰陽之所以能相推，能交感，而創生萬物，顯然是有宇宙的動能的支配，其實陰陽本身就是一種動能，後代易學家把陰陽解作氣，也就是指的動能（註六）。不過中庸的誠字，內接於心性，乃是一種精神的動能。就拿中庸第二十六章來看，從「不息則久」，直到「文王之德之純」之前，這當中一大段都是配合了物理性的天道來說的。只有第一句「至誠無息」，和最末的「文王之所以為文也，純亦不已」，却是就性德而論的。在這裏我們可以看出中庸作者，是有意把這個本屬於心意的誠字，推擴到天道上去。而其間的橋樑就是「無息」兩字，按照朱子的註解是：

「既無虛假，自無間斷」。

無虛假是至誠，無間斷是無息，那麼無虛假，何以能無間斷呢？因為無虛假，就是純一不二，朱子曾替「其為物不貳」一語解說：

「天地之道可一言而盡，不過曰：誠而已，不貳所以誠也」。

而純一不二，是無間斷，是不息。朱子曾替「純亦不已」一語註解說：

「純則無二無雜，不已則無間斷先後」。

由此可見唯有至誠才能不息。而這不息的精神正是天道的生生不已。易文言上便說：

「天行健，君子以自強不息」。

這是說人生自強不息的精神，乃是取法於「天行健」的現象。

在這裏，可以看出中庸作者由至誠無息，去配合天道的生生不已。就是要把這個誠字，向上提昇，形而上化。因為我們一般提到誠字，常常是就事的態度來說，可能只對這件事誠，而未必事事都能誠；可能在開始的時候誠，而未必能有始有終的都合乎誠。可是經中庸作者的這一提昇，這個誠字便證入了天道，而成為性體的「純亦不已」。唯有在性體上「純亦不已」，因此對任何事情，在任何時間，都能以誠貫之。

從以上兩點，我們可以看出中庸作者手法的高明，他一方面，把一個空泛的、冷靜的、神秘的形而上境界，道德化；一方面，又把日常生活中最普遍，最親切的觀念，奠下了形而上的基礎。這正同今日的科學家，放射了一個人造衞星進入天體，使我們可以憑着這個衞星，和天體通消息，甚至進入了天體。這不是宗教上的祈求上帝放下一根繩子把我們拉入天國，而是自己由下向上佈了一隻梯子，坦盪盪的走入天國。同樣，中庸作者之所以用誠字去一貫天人之道，也就是把原有代表人心信實的這個誠字，射入了天道之中，因此我們只要「反諸身」，便可以證諸天道了。這是孔子罕談天道的遺意，這是中庸基本態度，這也是誠字在中庸裏的一種特殊精神。

註一 陳立夫博士「四書道貫」致知篇七一頁：

「所謂天者，係指環繞地球之境界而言，環境二字即出於此。此其高高在上，故稱上天，其色蒼蒼，故稱為上蒼。主宰之者，稱之曰上帝。其能體天行道者，則稱之曰天子，而應得有天下。其能去惡從善者，則謂之『可以祀上帝』。」

註二　王治心先生在中國宗教思想史大綱中曾說：

「當時（指周朝）所承認的天，與猶太教承認的上帝，原無兩樣，以為天是賞善罰惡的主宰，一切易朝更姓的政治變遷，莫不有天意存於其間，所以當武王伐紂的時候，牧野誓師的言論中，有『今予發惟恭行天之罰』的話。衆人亦以『上帝臨汝，無貳爾心』來鼓勵武王。周公勸戒成王，也歷舉天命所屬為言，說道：『有命自天，命此文王，於周於京……篤生武王，保祐命爾，燮伐大商』。後來周公攝政，討伐管蔡，以天命不易的道理來告誡諸侯，在書大誥中說：『迪知上帝命，粵天棐忱，爾時罔敢易定，矧今天降戾於周邦，爾亦不知天命不易』？這都是承認凡事都由天定，不可勉強，應當順從天命，修身以俟之」。（中國宗教思想史大綱第二章四十五頁）

註三　徐復觀先生在中國人性論史上曾比較易傳和中庸的不同說：

「易傳的作者，導入陰陽的觀念而加以發展，這對卦爻的解釋，是一大進步；對宇宙的說明，也是一大進步。但陰陽的觀念，極其究，它是一個物質性的觀念。一陰一陽的變化，和中庸上魚躍鳶飛，淵渟嶽峙而感到這是天道的流行時，這是對於自然現象所作的價值的肯定，在這種肯定中，固然人的精神可以與自然發生相通相感的情感，乃至於心靈的啓發，但人並不由此而受到自然現象的規定，陰陽的變化，是物質性的變化，由這種變化以作天命的具體說明，在這種變化中來建立道德的根據，即是在物質變化中來建立道德的根據，也卽是人的道德根源，係由這種物質性的變化所規定。」（中國人

生論史第七章二一八頁）

註四　錢穆博士曾在中庸新義一文中，解釋朱子的「眞實無妄」說：

「當知天體乃眞實有此天體，羣星眞實有此羣星，太陽眞實有此太陽，地球眞實有此地球，凡此皆眞實不妄。循此以往，風雲雨露，乃眞實有此風雲雨露，山海水陸，乃眞實有此山海水陸、魚蟲鳥獸，乃眞實有此魚蟲鳥獸，人類男女死生，亦眞實有此男女死生。更循此以往，喜怒哀樂，亦眞實有此喜怒哀樂，飢寒溫飽，亦眞實有此飢寒溫飽，凡此皆各各眞實，不虛不妄，中國古人則認爲天道，故曰：誠者，天之道」。（孟子研究集三一七頁）

黃彰健先生對錢博士的這段話，頗有異議說：

「健按：朱註：『誠者，眞實無妄之謂』，此無妄兩字即扣緊理說，而錢先生的解釋則係：『天體眞實有此天體，羣星眞實有此羣星，喜怒哀樂眞實有此喜怒哀樂』，其所着重僅係形而下之事物，而非形而上之理，這是與朱注不同的，中庸此誠字應指形上之實理說，這由中庸孟子之言『反身而誠』可證。以形而下之事物爲道，其謬誤，朱子中庸或問已指出」。（孟子研究集三四三頁）

後來錢博士在「中庸新義申釋」一文中提出答辯說：

「試問鳶飛魚躍，豈不屬形而下。若必謂所以飛所以躍者始是道，則鳶飛魚躍皆非道，夫婦豈不屬形而下，若必求所以夫婦者始是道，則家室夫婦也將變成不是道，這豈不成爲人之爲道而遠人……當知儒家傳統，最主要者，在其是一種人文精神，而人文精神則斷不能向形而上栽根，鄙見之所以必宗尊陽明，亦即在此」。（孟子研究集三六一頁）

從這幾段話看來，錢黃兩位先生，一個偏重朱子，一個推尊陽明，一個從道德去證性體，一個從自然去明天道，其實，各有所見，無可厚非。不過中庸並不像易經一樣，專門去論天道，也不像孟子一樣偏重實踐的道德。以筆者的看法，朱子用眞實無妄去釋誠，上面「眞實」兩字，偏於天道的存在意義，這正是錢博士所引申的，下面「無妄」兩字，偏於人道的價值意義，這正是黃先生所強調的。

註五　王陽明傳習錄卷下：

「或問至誠前知。先生曰：『誠是實理，只是一個良知，實理之妙用流行就是神。其萌動處就是幾，誠神幾曰聖人。聖人不貴前知。禍福之來，雖聖人有所不免。聖人只是知幾遇變而通耳。良知無前後，只知得見在的幾便是一了百了。若有個前知的心，就是私心。就有趨避利害的意。邵子必於前知，終是利害心未盡處。』」

註六　陳立夫博士曾借物理現象來證明誠是一種動能說：

「誠既爲動能，動能之表現爲波，如光波、聲波、電波、力波等，波可集中，光波之集中於一點，謂之焦點，爲最明亮。故曰：『誠則明』。聲波之集中於一點復轉換成電波，則可廣播至無遠弗屆，故至誠能成其大，能及其遠，由『不息則久』以達『悠久無疆』。電波聚集與透過於極細微之電路，可以生熱。故曰：『熱誠』。用之以解析物質，謂之電化，故曰：『唯天下之至誠爲能化。』力波集中於一點，則力大可以推動他物，且銳不可當，無堅不摧，故曰：『至誠而不動者，未之有也；不誠，未有能動者也』。諺曰：『精誠所至，金石爲開』。」（四書道貫二五一頁）

第五章　誠是內聖外王之道

前面我們曾擧人造衞星爲例，說明中庸作者如何把這個誠字由下而上，去貫通天人之道。其實科學家利用人造衞星，不僅可以探測天體的秘密，而且可以藉衞星的運轉，和世界各地通消息。同樣的道理，這個誠字經中庸作者形而上化後，不僅可以使我們由下而上，和天合一；而且可以使我們由內而外，達到內聖外王的境界。

任何觀念，必須高明以後，才能悠遠；必須有超越性，才能有普遍性；也就是說必須在形而上方面通得上去，才能打破形而下的間隔，使天下爲一家。

中庸第二十章中曾說：

「故君子不可以不修身，思修身，不可以不事親，思事親，不可以不知人，思知人，不可以不知天」。

修身是內聖的根本，知人是外王的基礎，而要修身、知人，却必須要知天。可見唯有能天人合一，才能內聖外王。

前一章，我們已看過誠是天人合一之道，現在再來談談誠何以又是內聖外王之道。對於這一點，我們可以從兩方面來分析：

㈠誠在「內外之道」上的性能

中庸第二十五章上曾說：

「誠者，自成也；而道，自道也。誠者，物之終始，不誠無物。是故君子，誠之爲貴。誠者，非自成己而已也，所以成物也。成己，仁也；成物，知也，性之德也，合外內之道也，故時措之宜也」。這裡所謂「性之德」，是指的誠。現在我們就根據這段話，看看誠字在「內外之道」上的特殊作用：

1.自成：

憨山大師在中庸直指一書中曾替「誠者，自成也，而道，自道也」注解說：

「所言誠者何也，乃吾人性德之全體也。惟此德性，乃天然具足，本自圓成，眞實無妄，備在於我而不假外求者也。故曰誠者自成也，此乃天命之性，即所謂天之道也。由聖人能盡此性，率性而行，以達天下之情，即其所行，皆擴充性德之大用耳，故曰而道自道也，此乃率性之謂道也」。

這段話扣緊了性和道來釋「自成」，頗爲中肯。不過憨山大師是就天之道來說的，但中庸作者在該章接着說「君子誠之爲貴」，「成已仁也」，顯然又強調人之道，所以朱子在該章末尾概括說：「言人道也」。

這個「自成」，以天之道來看，固然可以說是「眞實無妄，備在於我而不假外求」，但以人之道來看，却必須再加後天的努力，以充實自已，完成自已，使自已和這個「眞實無妄」的性體合一。所以孟子在說了「萬物皆備於我矣，反身而誠，樂莫大焉」之後，又緊接着說：「強恕而行，求仁莫近焉」。

其實自成，就是成仁，中庸上明明說：「成已，仁也」。而這個仁字，按照中庸上的解釋是：

「仁者，人也，親親爲大」

孟子書中也有同樣的說法：

「仁也者，人也，合而言之，道也」。（盡心下）

這兩段話裡的仁，就是做人的意思。雖然我們生來就圓顱方趾，已是一個人，但未必是個成色十足的人。所謂「成色十足」就是人的最高標準，不過這個標準不是懸在外面，而是內在於心，也就是自已的性。所以成仁，就是成已，也就是徹底完成自已。

由於這個成已是被「仁」所限定了的，因此成已並不是一種單純的眞實存在而已。朱子在二十五章中曾注說：

「天下之物，皆實理之所爲，故必得是理，然後有是物，所得之理既盡，則是物亦盡而無有矣，故人之心一有不實，則雖有爲，亦如無有，而君子必以誠爲貴也，蓋人之心能無不實，乃爲有以自成，而道之在我者，亦無不行矣」。

所謂心之實，是實的這個理。不過朱子對於這個理的解釋似嫌籠統。按照中庸上以仁去限定成己看來，這個誠所實的理，自應包括了仁所涵蓋的諸德。朱子曾說：「仁者，本心之全德」。這是指仁統括心中的一切道德觀念（註一）。所以誠者的自成，就人之道來看，乃是從實踐諸德中，去完成自己。

在論語中，孔子雖然罕談心性，但他提到仁時，都是隨學生個性的不同，直接指點他們切身的實踐之德（註二）。在答顏淵問仁時，便說：

「克己復禮爲仁，一日克己復禮，天下歸仁焉。爲仁由己，而由人乎哉」（顏淵篇）

朱子對這段話的注解是：

「爲仁者，所以全其心德也，蓋心之全德，莫非天理，而亦不能不壞於人欲，故爲仁者，必有以勝私欲而復於禮，則事皆天理，而本心之德，復全於我矣」。

可見孔子的思想和中庸「成己」的說法也是相通的，事實上，克己復禮，就是爲了完成自己。

在孟子書中，對於心性問題談得非常具體，並且一再強調心性之中，含有諸德的善端，如：

「無惻隱之心，非人也，無羞惡之心，非人也，無辭讓之心，非人也，無是非之心，非人也。惻隱之心，仁之端也，羞惡之心，義之端也，辭讓之心，禮之端也，是非之心，智之端也。人之有是四端也，猶其有四體也」。（公孫丑上）

因此必須使自己的心中存養這四端，必須使自己的行爲中能實踐這四端，才算是成己，才算是眞正的完成自己。

由以上的所論看來，這個誠者的「自成」，是從實踐諸德中去完成自己。所以這個誠，是內聖的根本。

2. 成物

如果誠只限於自成，易流於以自我爲中心的思想，但這個誠是上通於天道好生之德，所以中庸作者接着語氣一轉而說：

「誠者，非自成己而已也，所以成物也」。

這是畫龍點睛之筆，就靠這一轉，轉出了外王的思想。

前面我們曾談過天道是生生不已的，所謂「其生物不測」，而人道是自強不息的，所謂「悠久，所以成物」。可見對天道，言生物；對人道，言成物。荀子天論篇中曾說：

「大天而思之，孰與物畜而制之，從天而頌之，孰與制天命而用之，望時而待之，孰與應時而使之，因物而多之，孰與騁能而化之，思物而物之，孰與理物而勿失之也，願於物之所以生，孰與物之所以成，故錯人而思天，則失萬物之情」。

所謂「物之所以生」，是天生萬物；「物之所以成」，是人促成萬物之生。中庸上所謂的成物，也就是促成萬物之生的意思，不過由於荀子把天看作單純的自然現象，因此他對成物的見解，都偏於物理的研究，和物質的利用。不像中庸上的成物，是透過了天道去安頓萬物，是透過了自成，使萬物各遂其所生。(註三)

中庸上強調說：

「成己，仁也；成物，知也」。

這兩句話非常重要。照一般的說法，成己是仁，而成物是仁心的愛物，也是仁。爲什麼中庸作者却說爲知呢？仁是屬於道德範疇，知是屬於知識範疇，這兩者如何能相合，而爲性之德，而爲誠呢？對於這個問題，前儒曾有一段爭論未決的大公案，就是朱子和王陽明有關「格物」、「致知」見解的不同。

朱子對於格物，致知的注解是：

「致，推極也，知猶識也，推極吾之知識，欲其所知無不盡也。格，至也：物，猶事也。窮至事物之理，欲其極處無不到也」。(大學章句第一章)

這是把格物、致知當作知識方面的窮理解，後來王陽明發現格物、致知如果是向外求理的話，又如何能使自己的意誠呢？他說：

「先儒解格物爲格天下之物，天下之物，如何格得，且謂一草一木亦皆有理，今如何去格，

縱格得草木來，如何反來誠得自家意。我解格作正字義，物作事字義」。（傳習錄下黃以方錄）

關於朱王兩人的看法，究竟誰是誰非，很難得到定論。因爲在大學中，除了第一章提到格物、致知外，以後各章就沒有再加以引申（雖然第五章談到知本，但該處有闕文，使我們無法認清它和格物致知有何關係）。但我們如果透過中庸的思想來看這個問題，雖然不敢說完全符合大學的本義，却至少可以調和朱子與陽明之間的爭端，因爲在中庸上本是知與德並重的，如第二十七章：

「君子尊德性而道問學，致廣大而盡精微，極高明而道中庸」。

這裡的道問學，是屬於知的一路；而尊德性，是屬於德的一路，不過在中庸裡，這兩條路線並非截然有別，分道而馳，相反的，却是彼此溝通，合而爲一的。何以如此呢？這是因爲中庸的下學能夠上達，在上達之後，所得的知，已不是粗淺的，外在的知識，而是純淨的，內在的睿智（註四）。如第三十一章所謂：

「唯天下至聖，爲能聰明睿知，足以有臨也，寬裕溫柔，足以有容也，發強剛毅，足以有執也，齊莊中正，足以有敬也，文理密察，足以有別也」。

朱子解釋這段話說：

「聰明睿知，生知之質。臨，謂居上而臨下也，其下四者，乃仁義禮知之德」。

可見這種睿知是高於普通的分別之知，而根之於心性的。

了解到這一點，我們再去看大學所謂的格物、致知。可以說格物是研究事物的理，這是屬於下學一段事，由事物的理而體驗到天道的作用，這是下學而上達，是致知。致知所致的，就是天理。在明白天理之後，自能使自己的精神意識循天理而開展，這就是誠意。所以按照中庸的思想來解大學，可以把致知的知，釋作知天的知（註五），而這個知能上通於天，自然是知德一貫，內外一體的。如果朱子和陽明能夠從這方面多強調一點，他們之間的差距，便不致於那麼大了。

現在我們把大學的「格物、致知」放在一邊不談，再回到本題上，看看中庸所謂的「成物、知也」。

在這裡，成物的物字，有兩重意思，一是指天地間有形的萬物，一是指人類社會的事理。依據這兩重意思，所謂成物，一方面是使萬物都能和諧的生存而發展。一方面是使人類都能安其居，樂其業。合起來，就是中庸首章所謂的「致中和，天地位焉，萬物育焉」。以前筆者讀到這段話時，總不得其解，因爲中庸在致中和的前面講愼獨，講喜怒哀樂，顯然是就個人的心性來論，那麼致中和，也是屬於心性之事，這和外在的「天地位」，「萬物育」又有什麼關係呢。最近讀到卡遜女士（Rochel Carsor）的「寂靜的春天」（Silent Spring），其中描寫科學產品，本爲了福利人生，但不幸戕傷了自然的中和，反而給人類帶來了極大的危機（註六）。這使筆者恍然大悟，原來宇宙和人身一樣，我們的喜怒哀樂，不能中節，便會有傷心性，同樣宇宙的任何一小部份，如果被人爲所干擾，而失去平衡，便會有害於自然的生機。唯有聰明睿知的聖人，才能洞燭到這一點，內以調和自己的心性，外以助成萬物的生長。所以中庸作者特別強調：「成物，知也」。

然而這成物的知，和誠字又有什麼關係呢？中庸第三十二章上說：

「唯天下至誠，爲能經綸天下之大經，立天下之大本、知天地之化育，夫焉有所倚，肫肫其仁，淵淵其淵，浩浩其天。苟不固聰明聖知達天德者，其孰能知之」。

朱子曾注說：

「惟聖人之德，極誠無妄，故於人倫各盡其當然之實，而皆可以爲天下後世法，所謂經綸之也。其於所性之全體，無一毫人欲之僞以雜之，而天下之道，千變萬化，皆由此出。所謂立之也。其於天地之化育，則亦其極誠無妄者有默契焉。非但聞見之知而已，此皆至誠無妄，自然之功用」。

這是說我們的知，如果不透過誠的話，便知得不實，知得不親切，最多只是聞見之知而已。因爲誠是天之道，這個知唯有通於誠，才能打破形而下的間隔，知天地之化育。而且誠又是修身之本。這個知唯有發於誠，才能以德動人，創造外王的事業。中庸第三十一章在敍述「聰明睿知」之後，接着便說：

「溥博如天，淵泉如淵，見而民莫不敬，言而民莫不信，行而民莫不說。是以聲名洋溢乎中國，施及蠻貊，舟車所至，人力所通，天之所覆，地之所載，日月所照，霜露所隊，凡有血氣者，莫不尊親，故曰配天」。

這段話寫出了由內心至誠所發出來的這種睿知，其感人之深，其影響之廣，可說已達到了外王的極境。

從以上的分析，可以看出這個誠字，由仁而知，由成己而成物。實具有由內聖通向外王的特殊性能。

㈡誠在內聖外王上的作用

中庸第二十章上曾說：

「凡爲天下國家有九經，曰：修身也，尊賢也，親親也，敬大臣也，體羣臣也，子庶民也，來百工也，柔遠人也，懷諸侯也。修身則道立，尊賢則不惑，親親則諸父昆弟不怨，敬大臣則不眩，體羣臣則士之報禮重，子庶民則百姓勸，來百工則財用足，柔遠人則四方歸之，懷諸侯則天下畏之……凡爲天下國家有九經，所以行之者一也」。

這九經中，修身是屬於內聖的事，尊賢親親是內聖通向外王的起點，敬大臣，體羣臣，子庶民，來百工，柔遠人，懷諸侯是屬於外王的事。而無論內聖外王，「所以行之者一也」。這個「一」，按照朱子的注解是：

「一者，誠也，一有不誠，則是九者皆爲虛文矣，此九經之實也」。

雖然對於這個「一」字，鄭玄的注，和孔穎達的疏，都是指後文「凡事豫則立，不豫則廢」的「

豫」字，其實「豫」沒有具體的內容，究竟豫個什麼呢？朱子在此處又注說：

「凡事皆欲立乎誠，如下文所推是也」。

朱子所謂的下文是指：

「在下位，不獲乎上，民不可得而治矣，獲乎上有道，不信乎朋友，不獲乎上矣，信乎朋友有道，不順乎親，不信乎朋友矣，順乎朋友道，反諸身不誠，不順乎親矣，誠身有道，不明乎善，不誠乎身矣！」

由這段話的所推，可見無論治國、交友、尊親，都要一本於誠。所以朱子把實行九經的「一」，解作誠，遠比鄭孔兩人的注疏爲切實。

現在我們就按照朱子把「一」解作「誠」字，去看看這個「誠」字在「九經」上的作用。

朱子在「九經」的註中說：

「此列九經之目也。呂氏曰：天下國家之本在身，故修身爲九經之本，然必親師取友，然後修身之道進，故尊賢次之。道之所進，莫先其家，故親親次之，由家以及朝廷，故敬大臣，體羣臣次之，由朝廷以及其國，故子庶民、來百工次之。由其國以及天下，故柔遠人，懷諸侯次之，此九經之序也。」

這就是九經的次序，來說明由內聖通向外王的過程。但以筆者的看法，把親親放在尊賢之後，這是爲這九經是對治國者而言，所以要先尊賢，再親親，以明其無私，但就儒家思想的精神來

看，至少親親和尊賢都是由修身通向外王的兩個起點，實在是應該並重的，所以筆者按照「成己，仁也，成物，知也」把這九經分成了

修身 ＜ 仁—親親—體羣臣—子庶民—柔遠人（成己之仁的擴充）＞ 平天下
　　　 知—尊賢—敬大臣—來百工—懷諸侯（成物之知的運用）

這條路線正配合了前面所說的「仁」和「知」。因爲修身是包括了成己的仁，和成物的知。所以是九經之本。接着親親是仁，中庸上已明白的說：「仁者人也，親親爲大」。至於尊賢，在中庸上雖說：「義者，宜也，尊賢爲大」，但義如何才能做得合宜，這不只是仁心的問題，更須有分別的知，正如在尊賢之前，首先要認清誰是賢，否則又如何能尊。同時我們對父母沒有選擇的餘地，只有以孝去感動；而對於師長朋友，却可以選擇，所以特別貴於用知。孔子說：「里仁爲美，擇不處仁，焉得知」（里仁篇），尊賢之道也是如此。接着，由親親，而體羣臣，子庶民，柔遠人，都是推愛於人，都是仁心的廣被。正如張橫渠在西銘上所說：

「乾稱父，坤稱母，予玆藐焉。乃渾然中處，故天地之塞吾其體，天地之帥吾其性，民吾同胞，物吾與也。大君者吾父母宗子，其大臣宗子之家相也。尊高年所以長其長，慈孤弱所以幼其幼，聖其合德，賢其秀也，凡天下疲癃殘疾惸獨鰥寡，皆吾兄弟之顚連而無告者也，於時保之，子之翼之，樂且不憂，純乎孝者也。」

這是把親親之情，推展到天下國家，以盡大孝，以成大仁。因此爲君者。視羣臣如手足，而羣臣也視君主爲首目；執政者視庶民如子女，而庶民也視執政者爲父母，這是以德化衆，而達到「柔遠人」的外王的理想。這個「柔」字，正寫出了「嘉善而矜不能」的仁心。至於另外一路，由尊賢，敬大臣，來百工，懷諸侯，都是能知人而用人。論語中曾記載孔子論知說：

「樊遲問仁，子曰：『愛人』。問知，子曰：『知人』，樊遲未達，子曰：『擧直錯諸枉，能使枉者直。』樊遲退，見子夏曰：『鄉也，吾見於夫子而問知，子曰：擧直錯諸枉，能使枉者直。何謂也』？子夏曰：『富哉言乎，舜有天下，選於衆，擧皐陶，不仁者遠矣！湯有天下，選於衆，擧伊尹，不仁者遠矣！』」。（顏淵篇）

從這段故事中可以看出，孔子認爲尊賢，和敬大臣，是知之事。這是內政制度上的知。至於「日省月試，旣稟稱事」的勸百工，用現代的話來說，就是發展工商，安定民生，更離不了知，這是經濟建設上的知。最後「繼絕世，擧廢國，治亂持危，朝聘以時，厚往而薄來」的懷諸侯，用現代的話來說，就是發揚國際道義，追求世界和平，對於這點，更要有應付國際局勢的眞知灼見。

以上兩條路線，並不是單獨行使的，而是必須相輔相成的。因爲只談仁心，而不能用知，便不能化仁心爲仁政。相反的，只重用知，而不能本於仁心，便易流於刻薄寡恩。正如孟子所說：

「離婁之明，公輸子之巧，不以規矩不能成方圓。師曠之聰，不以六律不能正五音。堯舜之道，不以仁政不能平治天下。今有仁心仁聞，而民不被其澤，不可法於後世者，不行先王之

道也。故曰：徒善不足以爲政，徒法不能以自行。」（離婁上）

從這段話中，已很清楚的看出，唯有仁和知的配合，才能治國平天下，達到外王的理想。

然而在這裡，我們還有一個問題必須再加以說明，就是這治國平天下的九經，固然需要仁和知的配合，但這和誠字究竟有什麼關係呢？

因爲誠是仁的原動力，不誠，便無法上達，便不能和仁相合，而變爲睿智。所以誠，可說是治國平天下的九經中的最重要的基礎。就以經驗事實來說，譬如知錯不肯去改，是不誠，擇善不能固執是不誠，不誠便無法修身。對父母只知衣食奉養，不能由心的去孝，是不誠，不誠便無法親親。知賢人不能虛心就教，擧而不用，是不誠，不誠便無法尊賢。對羣臣只知利用而不親切關懷，是不誠，不誠便無法體羣臣。敬大臣而不能完全付以重任，毫無猜忌，是不誠，不誠便不是眞的敬大臣。視民如子而不能使男有分女有歸，各盡其生，是不誠，不誠便不能愛民。獎勵百工而不能使他們各盡其才，平衡的發展，是不誠，不誠便不是眞正的能夠安百工。對遠人的相交，對國際的外交，如果只以利害爲前提，是不誠，不誠便不能以德服人。總之，這九經的實踐，必須本於一個誠字。我們試觀歷史上，直到今天所有政治制度，即使立意良好的，（像極權主義，共產主義，不用說是不誠）他們之所以不能維持永久，不能達到如期的理想，也就是由於缺乏了一個誠字，以貫徹始終。

由以上所論看來，這個誠字，實是從內聖通向外王的動力。儒家政治的基本精神，即在於此。

註一 范壽康教授「朱子及其哲學」第一三一頁：

「朱子講仁，把仁分爲專言之仁與偏言之仁兩種（怡按伊川在易傳中已有此分法）。愛之理是指偏言之仁（狹義的仁），而心之德卻是指專言之仁（廣義的仁）。把仁解作心之德時，仁是指心中全部的德而言，決不是說仁乃是心中諸德的一種。所謂專言之仁，其中包含有義、禮、智等諸德在內，所以這不外是指包攝萬理，渾然一體的那種性而言。」

註二 熊十力新唯識論卷下明心上第八二頁：

「論語記子所罕言，仁居一焉。然則夫子並非絕口不言仁體，只罕言耳。非上根利器，不可與言仁體。只隨機感所觸，而示以求仁的工夫。論語所記，皆談工夫，無啓示仁體處，誠哉其罕言也。」

註三 關於如何才能由致中和而使萬物育，吳康教授在其所著孔孟荀哲學中說：

「以知天地位，萬物育，是精神性的，理想性的，若拘墟字面，以其爲物質性，實在性，則陷於悖謬可笑者矣」。

不過精神往往能影響物質，譬如老子的無爲，可以使萬物各遂其生。

註四 所謂粗淺，外在的知，是向外追求的，西方哲學科學上的知多屬此種知識。而純淨，內在的睿智乃是由慧而發的智。中國哲學上的所謂知天知人的知多屬此種智慧。張橫渠正蒙誠明篇：

「誠明所知，乃天德良知，非聞見小知而已」

「聖人之神惟天，故能因萬物而知」

註五 知天並非知宇宙天運，而是指天道、天理，至於天道、天理乃是含蓋人性的。

註六 如用以殺蟲的DDT，瀰漫在我們飲的水，呼吸的空氣，以及食用的動植物中，都直接間接的危害人體。尤其在消滅害蟲的同時，也使許多益蟲受池魚之殃，而戕傷了自然的太和，這種無形之害，更是深遠可慮。

第六章　誠的方法和實踐德目

誠，既然是天人合一和內聖外王之道，那麼這種合天人，通內外的方法究竟如何呢？在中庸裏曾提到兩點，就是盡性和致曲。

中庸第二十一章說：

「唯天下至誠，爲能盡其性，能盡其性，則能盡人之性，能盡人之性，則能盡物之性，能盡物之性，則可以贊天地之化育，可以贊天地之化育，則可以與天地參矣！」

這段話的關鍵在於盡其性三字，盡其性之後，才能盡人之性，盡物之性。關於盡其性按照朱子的解釋是：

「盡其性者，德無不實，故無人欲之私，而天命之在我者，察之由之，巨細精粗，無毫髮之不盡也，人物之性，亦我之性，但以所賦形氣不同，而有異耳，能盡之者，謂知之無不明，而處之無不當也。」

這是說先要使自己的德性眞實不妄，無人欲之私，然後才能明人物之性。因爲「天命之謂性」，這個性既然受稟於天，當然在我、在人、在物，都是同一個所本。在宇宙中，人是物的一體，在人中，我又是人的一體，其間原可相通，只是由於人類的私心和偏見，築起了彼此隔閡的樊籬。因此我們要打通這道樊籬，首先必須反身而求誠。游薦便根據孟子「反身而誠」一章來釋盡性說：

「萬物皆備於我矣，反身而誠，樂莫大焉。故惟天下至誠爲能盡其性，千萬人之性，一己之性是也，故能盡其性則能盡人之性。萬物之性，一人之性是也。故能盡人之性，則能盡物之性。同然皆得者，各安其常，則盡人之性也；同然皆生者，各得其理，則盡物之性也。至於盡物之性，則和氣充塞，故可以贊天地之化育，如是則天覆地載，教化各盡其職，而成位乎其中矣」！（中庸集編引游薦語）

所以要盡性，首先在於反身而誠。

不過在這裏要注意一點，盡性乃是「至誠」的境界，並不指工夫而言。朱子早已看出了這點，他說：

「盡心是就知上說，盡性是就行上說，能盡得眞實本然之全體是盡性，能盡得虛靈知覺之妙用是盡心。盡性盡心，不是做工夫之謂，蓋言上面工夫已至此，方盡得耳。」（中庸通引朱子語錄）

可見盡性是至誠的境界，而不是至誠的方法。至誠之後，自然能盡性，正同至誠之後，自然能如神，能不息，能不勉而中，不思而得，這是聖人的境界（是至誠之後才不勉而中，並非不勉就能中，就能至誠）。但前面筆者曾強調聖人只是一種境界，現實生活上的都是普通人，都是學着去做聖人而已。像陽明師徒等所謂「滿街人都是聖人」，只是就性體來論，事實上這種說法是受到禪宗的影響。(註二)在禪學上由於不講究內聖外王的事業，所以只要頓悟，只要一念的轉變便可成佛。但儒家的聖人，却是內聖外王的極境，是要靠積學而致的，因此在方法上特別要講究工夫。許多學者看到中庸第二十二章說：「唯天下至誠爲能盡其性」，及第二十三章說「其次致曲，曲能有誠」，便以爲有兩種人，卽聖人和賢人，有兩種方法，卽至誠和致曲。其實，這種區別如是橫的分類，那便是一種錯誤，因爲孔子在六十歲以前還要靠力學，到了七十歲，才有聖人的境界。那些認爲一生下來，就是聖人的說法，只是宋末的狂禪罷了。所以按照筆者的看法，它們的劃分應該是垂直的，也就是說賢人的理想是聖人，致曲的極致是至誠。

認清這一點，我們便會了解，「誠」的方法，不是「不勉而中，不思而得」，而是在於「致曲」的致字。如果拿中庸首章的三句話來說，「天命之謂性、率性之謂道」，都是指的理論和境界，眞正的工夫，却是做在「修道之謂敎」的修字上。這個修字貫串了中庸全書，就是「誠之者，人之道」，而「誠之」的方法，也就在於致曲。

現在我們就來看看這個誠的方法——致曲

中庸第二十三章上說

「其次致曲，曲能有誠，誠則形，形則著，著則明，明則動，動則變，變則化，唯天下至誠爲能化。」

這段話的重心在於「致曲」兩字，前人關於這兩個字的解釋很多，如：

鄭玄注：

「其次，謂明誠者也，致、至也。曲、猶小小之事也」。

朱子注：

「其次，通大賢以下，凡誠有未至而言也。致、推致也。曲、一偏也」。

憨山中庸直指：

「曲乃曲成萬物而不遺之曲，謂委曲周帀之意，譬如陽春發育萬物，雖草芥纖悉無不克足，但有一草一葉不克足者，則不能遂其生，則是於物有所遺棄，而我之誠則有不至矣！」

錢穆中庸新義：

「曲者，大方之一曲，分別言之，宇宙間一切物，一切事象，皆一曲也，一切存在，莫非宇宙大存在之一曲，惟苟有其存在，卽有眞實無妄，故曰曲能有誠」。（孟子研究集三二〇頁）

以上四種解釋，都各有所見。前兩者是就人之道來看，把「曲」解作小，和偏，後兩者是就天之道來看，把「曲」解作曲成，和大方之一曲。以筆者的看法，這個「曲」，在天道上，只是自然變化的一個曲折，並無不善，但在人道上，便是一種蔽端。如荀子所說：

「凡人之患，蔽於一曲，而闇於天理」（解蔽篇）

「夫道者，體常而盡變，一隅不足以擧之，曲知之人觀於道之一隅，而未之能識也」（解蔽篇）

這是由於人未能見道眞切，而蔽於一曲。因此要解蔽，便必須致曲。

那麼這個「曲」究竟怎樣產生的？我們可以直接從中庸對於性和喜怒哀樂的看法中去探索，而不必自陷於孟荀性善性惡之爭。就中庸來說，這個性是喜怒哀樂未發之中，雖然沒有着一善字，但決不可能是惡。至少是超於善惡的，或者說是至善的，「至善」兩字不同於普通所謂善惡的善，因爲普通善惡的善都屬於道德行爲，而至善却是通於天道的「至眞」，是就道體上說的。由於性發而爲喜怒哀樂之後，才有情。情是接於物而生的。因此有了情之後，才有善惡之分。前人所謂性善，性惡，可善可惡，或善惡相混，都是就「情」上來反溯上去，其實情雖有善惡之分，却不能限定的去說性是善是惡。因爲這個情從其發於性的本源上來看，由於性是至善的，這個情如果能得性之眞，便自然是善，孟子似乎是就這方面談性善的。但我們不從性的本源上去推，而從人的許多行爲上去看情，却發現並不一定是善的，荀子似乎是就這方面談性惡的。其實從現實的人生來看，我們的情多多少少有點過與不及。這種過與不及的偏，就是曲。但過與不及有程度的不同，不能一概認爲是惡。其實稍有點過與不及，比起大過與大不及來，在相對的善惡觀念上，它還是靠近於善的(註二)。而我們後天的修養就是要盡量調整我們的情，從大過與大不及到小過與小不及，最後達到無過與無不及的中道，這就是和。所以這種調整的工夫，就目的來說，即是「致中和」，就實際方法來說，即是「致曲」。

然而在這裏，我們必須進一步去說明爲什麼「致曲」又是誠的方法呢？因爲情之所以有過與不及之偏，乃是由於人心中都有一點私念，這本是人情之所難免，也不能算是惡，但這點私念如果不予以化解，予以推致，便會使人知蔽於一曲，潛滋暗長，逐漸的變爲心中之癌，它的毒素滲入了血液，使我們對任何事，都有了偏見，都有了私心，這當然是不誠。相反的，我們如能將這點私念化解掉，推致開去，這證明我們對私念的態度是不妥協的，這是不自欺；同時，我們知道這是私念，也會想到別人也可能有這種私念，因此我們便不致於欺人。能不自欺，不欺人，當然是誠。所以「致曲」，是爲了使情無過與不及，而使情無過與不及，首先要除去心中的私念。這正是誠的表現(註三)。

以上我們看過誠的方法是致曲，不過前面只是就原理上論，但究竟如何化解這點私念，以調整情的過與不及，還有一套具體的實踐德目。

要化解人心的這點私念，有兩個途徑；就是克己復禮，和推己及人。

現在我們先從克己復禮上看，在中庸一書裏所提到的德目中，可以作爲克己復禮的根據的，就是知仁勇的三達德。

在論語中，顏回向孔子請教「克己復禮」時，孔子曾回答他說：「非禮勿視，非禮勿聽，非禮勿言，非禮勿動」。這只是就消極方面着手。以筆者的看法，在積極方面，講得最好的，還是在中庸裏引證孔子所說的：

「好學近乎知，力行近乎仁，知恥近乎勇」。

因為我們在非禮勿視之前，首先要了解什麼是非禮，這必須要好學以求知。在知道了非禮後，要實際去做到勿視時，却須力行以求仁。但人非聖賢，在我們有了錯之後，要勇於去改錯，不要替自己解釋，向自己妥協，這便要知恥以求勇。

我們先看「好學近乎知」。人之所以蔽於一曲，惑於私念，主要的原因是由於智慧淺陋。而好學却可以增加我們的智慧，使我們能致曲，能解惑。也許有人會反駁說：許多書讀得很博的人，非但未能減少私念，而且他們的知識還幫助他作惡呢！其實我們要了解，好學並不就是指書讀得多。因為好學除了書本的知識外，更包括了道德的知見。尤其重要的是好學在心理上，即表示自己的感覺不足，要充實自己，改善自己。這正是誠的表現。在中庸裏孔子談到好學以求知的地方很多，如：

「道之不行也，我知之矣，知者過之，愚者不及也。道之不明也，我知之矣，賢者過之，不肖者不及也」。（第四章）

「舜其大知也與，舜好察邇言，隱惡而揚善，執其兩端，用其中於民，其斯以為舜乎」（第六章）：

「人皆曰予知，驅而納諸罟擭陷阱之中，而莫之知辟也。人皆曰予知，擇乎中庸，而不能期月守也」（第七章）

以上三段話中對於知的境界，一層高於一層。第一段中的知者只是指聰明的人，或懂得一般知識的人，這種人的知當然比較膚淺，因此有「過之」的毛病。第二段中的知，正是由好學以求的知，是兼有隱惡揚善的內聖之知，及「用其中於民」的外王之知。第三段中的知，是深入於性體，擇乎中庸，以求中和的知。這是與天道相通的知。由這三層知的境界看來，好學正代表了自己對求知的誠意。

再看「力行近乎仁」。在有了正確的知之後，便必須輔之以行。不行，即使知得愈多，也等於不知。甚之，在不知時，不能行，這是由於自己的愚昧，還情有可原。而在知了之後，又不能行，這便是鄉愿，是痲木不仁。所以孟子直責之爲「德之賊」。

孔子教人首重力行。論語中曾記載孔子罕言仁。可是論語中有五十八章是論仁的，有一百零五個是仁字，何以說孔子罕言仁呢？這是因爲孔子注重力行，凡是學生問仁（並非問仁的定義，而是問如何做，才能成爲仁人），孔子都是告訴他們實踐的德行，如愛人等。因爲在孔子的眼中，力行就是求仁的表現。當然這個力行不是隨便的胡作非爲，而是在「好學近乎知」之後，對事理認識得淸楚，對道德有深切的體認，然後付之於力行。所以力行正表示了對知的誠，對德的誠。

最後，再看「知恥近乎勇」。這裏所謂的勇，並不是「路見不平，拔刀相助」的匹夫之勇，更不是暴虎馮河，鬬牛賽車式的肉慾之勇，在中庸裏對於勇字早已有了規定，如第十章所謂：

「故君子和而不流，強哉矯；中立而不倚，強哉矯；國有道，不變塞焉，強哉矯；國無道，至死不變，強哉矯」

這段話中的「強哉矯」就是勇的表現。這種勇是對道德承擔的精神。知恥，就像一個警報器，當我們在情上有過與不及時，這個警報便立刻發出響聲，使我們隨時調整以歸於中道。所以知恥，正表示了我們對道德實踐的誠。

以上我們從好學，力行，知恥三方面說明了知仁勇三達德對於「克己復禮」，化除私念上的意義，接着我們再看看在「推己及人」方面，中庸一書所特別強調的忠和恕。

中庸第十三章裏曾指出：

「忠恕違道不遠，施諸己而不願，亦勿施於人」。

這幾句話完全承自孔子的思想，在論語中曾有兩段極相關的記載，就是里仁篇：

「子曰：『參乎，吾道一以貫之』。曾子曰：『唯』。子出，門人問曰：『何謂也』？曾子曰：『夫子之道，忠恕而已矣！』」

又衞靈公篇：

「子貢問曰：『有一言而可以終身行之者乎』？子曰：『其恕乎，己所不欲，勿施於人』。」

顯然中庸第十三章裏所謂的忠恕，就是根據這兩段話的。不過前人對曾子用忠恕去解一貫之道，見仁見智，頗多意見，最特殊的就是胡適博士在中國古代哲學史中引證大戴禮三朝記：

「知忠必知中，知中必知恕，知恕必知外。……內思畢心曰知中，中以應實曰知恕。內恕外度曰知外」。

又章太炎訂孔下：

「心能推度曰恕，周以察物曰忠，故夫聞一以知十，舉一隅而以三隅反者，恕之事也。……周以察物，舉其徵符，而辨其骨理者，忠之事也。……『身觀焉』，忠也，『方不障』，恕也。」

接着胡氏認爲：

「孔子說的『一以貫之』，和曾子說的『忠恕』，只是要尋出事物的條理系統，用來推論，要使人聞一知十，舉一反三，這是孔門的方法論，不單是推己及人的人生哲學。」（中國古代哲學史第四篇一〇三頁）

其實，在儒家的思想裏，忠恕兩字都是就人生哲學方面去解，卽使曾子所說的忠恕具有推論的性質，但仍然是以人生哲學爲內容的。譬如論語中，提到忠字的，有十八處（註四），多半是忠信連言，沒有一處是當作「周以察物」解的。提到恕字的只有兩處，就是前面我們所引的兩章。至於孟子書中，提到忠字的，有八處（註五），也多半是忠信連言，也沒有一處當作知識方法解。提到恕字的，只有一處（註六），即「強恕而行」，顯然是屬於德行。由此可見忠恕兩字在儒家思想中，本是人生哲學上的兩個德目，只是這兩個德目功用特殊，具有「一以貫之」的性能罷了。

現在，我們先去看看忠恕是如何由內聖通向外王。

筆者以爲對忠恕兩字解得最傳神的，還是朱子的

「盡己之心爲忠，推己及人爲恕。」（中庸第十三章註）

盡己之心就是要做到「反身而誠」。學而篇上曾記載：

「曾子曰：『吾日三省吾身，爲人謀而不忠乎，與朋友交而不信乎，傳不習乎』！」

曾子的「三省吾身」，當然是一種反身的工夫，他所省的是忠，是信，就是不自欺，欺人，也就是「誠」。孟子曾說：

「君子所以異於人者，以其存心也。……有人於此，其待我以橫逆，則君子必自反也，我必不仁也，此物奚宜至哉。其自反而仁矣，自反而有禮矣，其橫逆由是也，君子必自反也，我必不忠。自反而忠矣，其橫逆由是也，君子曰：此亦妄人也已矣！」（離婁下）

這種自反的工夫，就是先問問自己是否做到仁，做到禮。最後再問問自己是否做到忠。這個忠字，乃是我們對人是否誠意的表現。

至於推己及人，乃是要做到「曲能有誠」，前面我們曾說過，對人而言，這個曲，是由私念

所成的。由於這點私念，也是根之於心的，所以也是「內在」的。這種「私念」和「內在」也是人性所少不了的，但如果只限於這一面，便要流爲自私自利了。譬如拿孝來說，它的根基本是建立在人情之私上，誰都會先孝自己的父母，當然這也是內在的。如果我們的孝只限於愛自己的父母，只限於這點內在的本能，那又何貴於孝之爲德呢？孝之所以能成爲至德，乃是像論語中有子所說的：

「其爲人也孝弟，而好犯上者鮮矣；不好犯上而好作亂者，未之有也；君子務本，本立而道生，孝弟也者，其爲仁之本歟。」（學而篇）

這是因爲孝雖然私愛父母，但想到別人也會私愛父母，所以孝心能推，由「老吾老，以及人之老」，由親親，而仁民，而愛物。經過了這一推致，才推高了孝的意義和價值。（註七）

這種推的作用就是恕。如中庸第十三章緊接着忠恕的解釋而說：

「所求乎子，以事父，未能也；所求乎臣，以事君未能也；所求乎弟，以事兄，未能也；所求乎朋友，先施之，未能也。」

大學第十章也說：

「所惡於上，毋以使下；所惡於下，毋以事上；所惡於前，毋以先後；所惡於後，毋以從前；所惡於右，毋以交於左，所惡於左，毋以交於右，此之謂絜矩之道。」

這兩段話都是就恕道而言，「所求於子」、「所惡於上」，是以個人爲中心，這是曲；「以事父」、「毋以使下」，是推己的精神。經過了這一推致，不僅使自已的私念，轉爲公德，而且把內聖轉爲外王，如孟子所說：

「老吾老，以及人之老；幼吾幼，以及人之幼，天下可運於掌。詩云：『刑于寡妻，至于兄弟，以御于家邦。』言擧斯心，加諸彼而已。故推恩足以保四海，不推恩無以保妻子。古之人所以大過人者無他焉，善推其所爲而已矣！」（梁惠王上）

由於忠是盡己，恕是推己；所以由忠而恕，便能推己及人，由內聖通向外王。

然而，在中庸裏的誠字，除了是內聖外王之道，而且又是天人合一之道。如果我們所說的忠恕，只限於人我之間的話，那麼，由忠恕而行，又如何能達到天人合一的境界。

前面，我們曾看過曾子是用忠恕兩字去解釋孔子的「吾道一以貫之」，雖然孔子沒有明言所謂的「吾道」是否包括天道，但既然是「一以貫之」，當然也是把天道和人道貫在一起的，所以曾子的「忠恕而已矣」，至少也包含了忠恕兩字可以一貫天人之道。

程伊川解釋曾子的「忠恕而已矣」，有兩段非常特殊的見解，他說：

「忠者，天道；恕者，人道。忠者，無妄，恕者，所以行乎忠也。忠者，體；恕者，用。大本達道也。此與違道異者，動以天爾。又曰：『維天之命，於穆不已』。忠也；『乾道變化，各正性命』。恕也。」（論語里仁朱子注引程子語）

又說：

「聖人教人，各因其才，吾道一以貫之，唯曾子爲能達此。孔子所以告之也。曾子告門人曰：『夫子之道，忠恕而已矣』！亦猶夫子之告曾子也。中庸所以謂忠恕違道不遠，斯乃下學上達之義。」（同前）

這兩段話頗爲精彩，忠恕本是人生哲學方面的兩個德目，而他把忠解作無妄的天道，恕解作行乎忠的人道，這樣一來，忠相當於天之道的「誠者」；恕相當於人之道的「誠之者」。忠恕便把天人之道一以貫之了。

然而在這裏遇到了一個問題，就是在中庸裏明明說「忠恕違道不遠」，好像忠恕離道還有一點距離似的，這豈不是和「忠者，天道；恕者，人道」的說法有了出入嗎？對於這個問題，伊川解得很妙，他認爲曾子所謂的忠恕，是「動以天爾」，中庸所謂的忠恕，是「下學上達」。也卽是說前者是就本源處來論，後者是就工夫處來論。其實工夫緊扣於本體，下學就能上達。在德目上，雖然分忠，分恕，但實踐起來，却是一貫的，却是天人合一的。

由以上所論，可見忠恕兩字，都具有天人合一，內聖外王的功能，所以筆者認爲忠恕也是誠的最重要的實踐德目。

在儒家思想裏，除了智仁勇和忠恕可作爲誠的實踐德行外，其他和誠字同義的有信字，和誠字有關的有敬字，其實廣義的說，擧凡儒家的德目，如禮、義、孝、悌等，幾乎無一不與誠字有關。所以雖然論語中沒有提到這個誠字，但孔子所談到的諸德，離不了一個誠字。這個誠，好像在建築時，所奠的地基，無論在上面建造那一種形式的房子，唯有地基打得愈穩，房子才建得牢。我們常常只看到房子的堅固，而忽略了那完全是地基在支持着，整個房子的筋骨裏，都活動着地基的力。同樣，所有的德行中，都流着誠的動力。這也正是中庸之所以特別強調：「誠之者，人之道」，要用誠字，去替「人」打下深固的地基。

註一 王陽明傳習錄卷下：

「一日，王汝止出遊歸。先生問曰：『遊何見』？對曰：『見滿街人都是聖人』。先生曰：『你看滿街人是聖人，滿街人到看你是聖人在』。又一日，董蘿石出遊而歸，見先生曰：『今日見一異事』。先生曰：『何異』？對曰：『滿街人都是聖人』，先生曰：『此亦常事耳，何足爲異，蓋汝止圭角未融』。蘿石恍見有悟，故問同答異，皆反其言而進之。」

這種思想顯然受禪宗的影響，尤其蘿石悟了之後，「問同答異，皆反其言而進之」的方法，在慧能的壇經中可以找到相同的例子，如：慧能曾教人說：

「若有人問汝義，問有將無對，問無將有對，問凡以聖對，問聖以凡對。二道相因，生中道義。汝一問一對，餘問一依作此，卽不失理也」。

註二 論語先進：

「子曰：『師也過，商也不及。』……『過猶不及』」。

朱子註：「子張才高意廣而好爲苟難故常過中，子夏篤信謹守而規横狹隘，故常不及」可見兩者並非是惡，對中而言只能算曲而已。

註三 要了解這個曲字必須就中庸全書來看，中庸談中、和，而這個曲字正說明了是不中不和。不中不和並不就是惡，只是在情上略有所偏，或不足而已。在現實生活上的每個人都免不了有曲，中庸之所以庸，就在於他很親切的承認這點曲，只要你能推致這點曲便是善，如孟子對齊宣王之好色好貨並不直責之以惡，因這好貨好色是曲，只要推致便是善了。道德的眞正意義是在於改錯上，如果天生之人都是毫無錯誤的話，那也就無所謂道德了，所以致曲才是誠的眞正表現。

註四 忠信兩字連言的有七處，如

「主忠信，無友不如己者」（學而）

「主忠信，毋友不如己者」（子罕）

「主忠信，徙義，崇德也」（顏淵）

「必有忠信，如丘者焉」（公冶長）

「子以四教，文行忠信」（述而）

「言忠信，行篤敬」（衞靈公）

「言不忠信，行不篤敬」（衞靈公）

其實忠字均單獨使用，當作忠於人，忠於事解。

註五 忠信連言的有四處，如

「壯者以暇日修其孝悌忠信」（梁惠王上）

「仁義忠信，樂善不倦」（告子上）

「其子弟從之則孝悌忠信」（盡心上）

「居之似忠信」（盡心下）

其餘忠字均單獨使用，當作對人，對事之忠解。

註六 論語雖未論誠字，但孔子思想卻深植於誠字上。正如孟子書中只有一個恕字，但孟子思想與恕的關係卻極大。

註七 法孟德斯鳩在「法意」（嚴復譯）上說：

「孝之爲義不自事親而止也。蓋資於事親而百行作始。彼惟孝敬其所生，而一切有近於所生，表其年德者，將皆爲孝敬之所存，則長年也，主人也，官長也，君上也，且從此而有報施之義焉，以其子之孝也，故其親不可以不慈，而長年之於稚幼，主人之於奴婢，君上之於臣民，皆對待而起義，凡此之謂倫理，凡此之謂禮經，倫理禮經，而支那之所以立國者胥在此。」

第七章 誠可以彌補道家思想的缺陷

朱子在中庸章句裏說：

「此篇，乃孔門傳授心法，子思恐其久而差也，故筆之於書，以授孟子」。

「心法」兩字，固然是佛家用語，但朱子之所以把這兩字加在中庸之上，乃是因爲在朱子眼中，這一篇文字所發揮的道理，都是孔子罕談的「性與天道」，可以破道佛兩家心性思想之所短，他在中庸章句序裏便說：

「前聖之書，所以提挈綱維，開示蘊奧，未有若是之明且盡者也。自是而又再傳以得孟氏，爲能推明是書，以承先聖之統，及其沒而遂失其傳焉。則吾道之傳，不越乎言語文字之間，而異端之說，日新月盛，以至於老佛之徒出，則彌近理而大亂眞矣！然而尙幸此書之不泯，故程夫子兄弟者出，得有所考，以續夫千載不傳之緒，得有所據，以斥夫二家似是之非，蓋子思之功，於是爲大，而微程夫子，則亦莫能因其語而得其心也。」不僅朱子有這種看法，所有宋明諸儒都有這種看法；不僅是宋明諸儒把中庸提出來對抗佛老，而事實上，中庸作者的寫中庸，也正是爲了感歎儒學之衰落，而要加以振奮。所以中庸一書不僅有儒家最堅固的體系，並且有儒家最鋒利的見解，可以和各家思想抗衡。

中庸裏面可以用來批評道家思想的地方很多，但本文所研究的限於誠字，而誠字又是中庸的精神所在。因此本章就從這個誠字去看看它是否能彌補道家思想的缺陷。不過中庸本文沒有明言道家，筆者所論，乃是就其思想精神作比較，不能當作呆板的訓詁來看。

雖然中庸起於子思，而成書可能要遲至孟子的時代或稍後，所以它和道家思想是免不了要發生關係的。不過儘管如此，它的本質仍然是純粹的儒家思想，正如孟子書中也有道家的色彩，但孟子却是正統的儒家。同時中庸所染有的這點色彩，並非表示它的崇尚道家，或在儒家之外另闢新境。如果它有新境的話，這種新境乃是在於它的援道歸儒。

在中庸裏，和道家思想有關的成份很多，但本文僅就誠字上去看看它是否能彌補道家思想的缺陷：

1.道家自然思想和中庸誠字的似是而非

在道家思想裏，和中庸「誠」字最相似的，就是有關自然的看法。很多人認爲中庸的誠字，講「自成」，講「無息」，講「如神」，豈不是和道家所推崇的自然完全相同？要了解這一點的

「似是而非」，我們首先看看道家的自然思想。

老子在二十五章中曾說：

「人法地，地法人，天法道，道法自然」

這裏所謂的地和天，是指我們眼睛看得見的有形的蒼穹，也就是一般所指的現象界，或自然界。而地和天所法的道，當然是指支配天地間一切現象的原則，不過這個原則不是由一個超然的神所規定的，也不是由人自己所假想的，而是宇宙本身就是如此變化的，所以是「道法自然」。這裏的自然不是指有形的天地，也不是指在道之外，另有一個境界，而是去限定這個道，說明它就是自生自因的。這樣一來，道就是自然，自然就是道。因此我們研究道家的自然思想，實際上，就是研究這個道。

現在我們從兩方面來看看道家的這個道，和中庸誠者的天之道，究竟在那一點「似是」，那一點是「而非」的。

(1)道的特性

(甲)道是玄妙莫測的：

老子在第一章中便開宗明義的說：

「道可道，非常道，名可名，非常名。無，名天地之始；有，名萬物之母。故常無，欲以觀其妙，常有，欲以觀其徼，此兩者同出而異名，同謂之玄，玄之又玄，衆妙之門。」

門。」

這一章已完全寫出了道家的形而上境界。後人曾以無，或有去說明這個境界(註一)。其實，無和有，都流於相對，落於言筌，而不是道的本體。事實上，這個本體是混和了「無」、「有」，又超乎「無」、「有」的，我們對它的認識，如霧裏看花，分明在眼前，却始終隔了一層。這就是道的玄妙莫測。

莊子對於道體的看法，也是本於老子的思想，如大宗師上說：

「夫道有情有信，無爲無形，可傳而不可受，可得而不可見，自本自根，未有天地，自古以固存，神鬼神帝，生天生地，在太極之先，而不爲高，在六極之下，而不爲深，先天地生，而不爲久，長於上古而不爲老。」

莊子這段話所談的道，顯然是發揮老子的思想，也認爲這個道是「有情有信」，有它的存在，却是「無爲無形」，不可認識的。

這種玄妙莫測的特性，可以說相當於易傳的「陰陽不測之謂神」，及中庸的「至誠如神」的神字，因爲就本體來說，無論是儒家和道家，都認爲天道總帶有那麼一點不可測，不可道的「神」性。所以在中庸的最後一章，也以「上天之載，無聲無臭，至矣」爲結語。可見在這方面道家和中庸也有相似之處。

(乙) 道是自生而生物的：

老子在第五十一章上說：

「道生之，德畜之，物形之，勢成之。是以萬物莫不尊道而貴德，道之尊，德之貴，夫莫之命，而常自然。故道生之，德畜之，長之育之，亭之毒之，養之覆之，生而不有，爲而不恃，長而不宰，是謂玄德」。

這段話說明了道有生養萬物之功，不過道的生物，不像母親生子一樣，因爲母親本身是被生的，而且她的生子是直接的賦予整個形體。道却不同，它本身是「自本自根」的，在它之上沒有更高的創造主，拿西洋哲學術語來說，它就是第一因，就是上帝，拿中國哲學術語來說，它就是生生之體，就是天道，至於它的生物，也不是直接賦予萬物以形體，在老子第四十二章上曾說：

「道生一，一生二，二生三，三生萬物。萬物負陰而抱陽，冲氣以爲和」。

雖然後人對這段話裏的「一」、「二」、「三」，有各種不同的解釋（註二），但按照該章後面提到陰陽來看，顯然由「一」「二」、「三」的發展過程中，有陰陽二氣的作用。這和筆者在第四章裏談到易傳中天道的生生不已之理是相同的。所以道的生萬物，乃是賦予萬物以生生之理，而道之賦予萬物以生生之理，也正是它的自生。這種自生和生物之所以能一貫，就是因爲道法自然，它的自生，是自然如此，而它的生物，也卽任物自生，也是自然如此。

道家這種自生而生物的自然思想，和中庸「自成」、「成物」的思想，也是頗爲相似的。

（丙）道是周行而不殆的：

老子第二十五章上說：

「有物混成，先天地生，寂兮寥兮，獨立不改，周行而不殆，可以爲天下母，吾不知其名，字之曰道。強爲之名曰大，大曰逝，逝曰遠，遠曰反。」

這段話說明了道的發展是永恆不息的，而在宇宙中，任何東西如果要永恆不息，它所走的軌道一定是圓周的，如日月的交替，四時的代謝。老子把握住這一自然的定則，拈出一個「反」字來說明道之所以能「周行而不殆」。這個「反」字有兩層意思：一是變異的「反」，如

「禍兮，福之所倚；福兮，禍之所伏，孰知其極，其無正，正復爲奇，善復爲妖。」（老子第五十八章）

一是復歸的「返」如：

「萬物並作，吾以觀復，夫物芸芸，各復歸其根。」（老子第十六章）

這是說任何事物，都會隨着時間逐漸的變遷，變到極點，變出了一個和原來不同的狀態，可是再繼續變下去的話，又逐漸的變了回去。這就片面的現象，短暫的人生來看，花開花謝，人存人亡，實是一種悲哀，可是就天道來看，正是「周行不殆」，正是生生之動，所以老子便說：「反者，道之動。」

莊子更進一步，以這個「反」爲跳板，躍入了形而上的境界，直探自然的大化。他曾舉了個寓言說：

「支離叔與滑介叔，觀於冥伯之丘，崑崙之虛，黃帝之所休，俄而柳生其肘，其意蹶蹶然惡之。支離叔曰：『子惡之乎？』滑介叔曰：『亡，予何惡，生者假借也，假之而生。生者塵垢也，死生為晝夜，且吾與子觀化，而化及我，我又何惡焉』」。（莊子至樂）

這就是說：自身是宇宙的一體，自身的變化，是和宇宙的變化同一呼吸的。因此不要以自己短暫的生死為得失，才能證入宇宙的生命，和天地共長久。

無論老子從「反」去求天道的不息也好，莊子從「化」去求自然的「天均」也好，都是為了要拓廣小我，以求永恆，這和中庸作者從「至誠」的「無息」，去配天地的悠久，在表面上也是有相似的旨趣。

以上三點特性，就形而上的意義來說，和中庸誠字的「如神」，「自成」，「無息」，都是法自然，配天地，所以甚為相似。至於「似是而非」所非的，乃是在運用方面的不同。

⑵道的運用

對於道的運用方面，老莊的思想各不相同（註三），必須分開來看：

（甲）老子對道的運用在一個弱字：

老子在第四十章中，緊接着「反者，道之動」後，便說「弱者，道之用」，可見他是用這個弱字去把握道之動，以作為修身處事的原則。

在他的眼中，自然界的現象是：

「人之生也柔弱，其死也堅強；萬物草木之生也柔脆，其死也枯槁。故堅強者死之徒；柔弱者生之徒。是以兵強則不勝，木強則兵，強大處下，柔弱處上」。（老子第七十六章）

因此他爲求得眞強，而寧願處弱。所以老子的這個弱字並非衰弱無能的意思（註四），只是代表「去甚、去泰、去奢」的一面，唯有處弱，才能除弱，這正是所謂「反者，道之動。」

這一處弱的態度，在人生修養和處世上，便是不爭之德。因爲宇宙人生，有盈有虧，有生有滅，一切都有其必然的軌道，自然的歸宿，不是我們用爭所能爭得到的。不僅如此，我們所爭的，無非是名利、權勢、富貴等，因此只要動念一爭，便犯了道家的禁忌，更何況卽使我們爭到了，也會因「正反相成」的變化，把我們沖向不幸，所以老子特別強調說：

「上善若水，水善利萬物而不爭，處衆人之所惡，故幾於道，居善地，心善淵，與善仁，言善信，正善治，事善能，動善時，夫唯不爭，故無尤。」（第八章）

由於老子強調不爭，因此他所走的都是消損的路，要致虛守靜，無知無爲。所以他雖然也談到仁、信、治、能，但那只是奠基於不爭之德上，以退弱爲主，和儒家的思想在骨子裏是迥然不同的。

(乙) 莊子對道的運用在一個忘字：

莊子認爲我們要證入宇宙的大化，和天地共長久，首先必須打破自我的執着。而要打破自我的執着，在莊子的運用中，工夫就在一個忘字。在「應帝王」一文中，他曾假託顏回的話說：

「墮肢體，黜聰明，離形去知，同於大通，此謂坐忘。」（註五）

莊子所謂「墮肢體」，就是忘我，「黜聰明」，就是由忘我而忘物。「同於大通」，就是和宇宙的大化同流。

莊子這套忘的工夫，具體的講，就是忘生死，忘是非，忘成毀，忘榮辱，忘貴賤。也就是打破一切現象上的差別觀念。使自己的精神昇華，和天道合一。

從以上老子的「弱」，和莊子的「忘」字看來，雖然道家和中庸在「天道」方面，有許多相似之處，但在「人之道」方面，途徑却完全不同，中庸的誠字，本着儒家的精神，是強調成己之仁，成物之知，這和道家的「處弱」、「坐忘」，顯然不能混爲一談。尤其以儒家的觀點來看，道家的「處弱」，和「坐忘」，在天人合一，內聖外王之道上，還有許多無法彌補的缺陷，而中庸的誠字，却正可以塡補了這個缺陷。

2.道家思想的缺陷：

首先，我們就老子的思想來看道家在「天人合一」方面所發生的缺陷。

按照老子的思想，是把天之道和人之道分成了兩截。天之道是絕對的，自然的，人之道是相對的，人爲的。爲了要法自然而抑人爲，因此他主張的求道工夫，必然會走入消損的路，如他所謂：

「爲學日益，爲道日損，損之又損，以至於無爲，無爲而無不爲。」（第四十八章）

這個損字，本來是要損去人欲，然而由損人欲，而損人爲，損人智，結果推而廣之，連日常生活中的許多德目，也在被損之列，如他在第三十八章上說：

「上德不德，是以有德；下德不失德，是以無德；上德無爲而無以爲，下德爲之而有以爲。上仁爲之而無以爲，上義爲之而有以爲，上禮爲之而莫之應，則攘臂而扔之。故失道而後德，失德而後仁，失仁而後義，失義而後禮。夫禮者，忠信之薄而亂之首。前識者，道之華，而愚之始。是以大丈夫處其厚，不居其薄；處其實，不居其華，故去彼取此。」

這段話按照道家的思想來論，當然自有其理境。但其所推許的上德，上仁等，畢竟是以無爲作內涵的。至於下德、下仁（按：三十八章中雖未言下仁，但絕仁棄義之仁，顯然卽是下仁）義、禮等，都流於人爲，都應損之又損。這樣一來，同一個德字，仁字（按：其實道字、智字等也是如此，見註六），而有上下之分，本是人生行爲規範的義與禮等，都被視作人爲的虛飾，而予以摒棄，雖然按照道家的解釋，也許他們認爲所排斥的只是外表上的德、仁、義、禮等，對於道德的實質，並不否定。譬如老子一方面說：「六親不和，有孝慈」，顯然是貶抑孝慈之名，但一方面又說：「絕仁棄義，民復孝慈」，可見對孝慈之行，並未抹煞，但儘管如此，老子至少犯了思想和用語割裂的毛病。

再者，他把天之道和人之道分成了兩截，但天之道在自然，而人之道在積學，因此他也很自然的把爲道，爲學分成了兩截，所謂：「爲學日益，爲道日損」。日益和日損，顯然是兩套工夫，又是不一致的，形成了一種割裂的現象。在老子書中，我們看不出他用什麼方法去彌補這一裂痕。如果按照他整個思想的旨趣來看，爲了求道，自然只有損其所益，捨去爲學的一段工夫。這樣一來，下學便不能上達，下學既然無法上達，因此下學便成爲不必要的拖累，而形上之道，也就虛而不實了。這正是道家思想在天人合一方面的漏洞。

接着，我們再就莊子思想，看看道家在「內聖外王」方面所發生的缺陷：

「內聖外王」四字，最早見之於莊子天下篇中：

「聖有所生，王有所成，皆原於一。不離於宗，謂之天人；不離於精，謂之神人；不離於眞，謂之至人，以天爲宗，以德爲本，以道爲門，兆於變化，謂之聖人。以仁爲恩，以義爲理，以禮爲行，以樂爲和，薰然慈仁，謂之君子，以法爲分，以名爲表，以參爲驗，以稽爲決，其數一二三四是也，百官以此相齒，以事爲常，以衣食爲主，蕃息畜藏，老弱孤寡爲意，皆有以養，民之理也，古之人其備乎，配神明，醇天地，育萬物，和天下，澤及百姓。明於本數，係於末度，六通四辟，小大精粗，其運無乎不在。」

這一大段話寫內聖外王之道非常明白。可是由於該文接着又說：「其在於詩書禮樂者，鄒魯之士，搢紳先生，多能明之」，並無貶抑之辭，因此也有人懷疑天下篇是出於儒家之手。對於這個問題，我們暫時存而不論。就假定該文是出於莊子的親筆，但以該文論該文的話，並沒有失去莊子的立場，因爲天下篇在開頭便說明內聖外王都原於一，接着從天人、神人、至人，談到了聖人，君子，最後才提到鄒魯之士，可見在境界上是一步步的往下低落，並沒有過份推崇儒家。

如果把這段話放在莊子書的其他各篇中，和他整個思想旨趣對比一下的話，却產生了一個矛盾的現象。就是在這段話中，雖然君子次於聖人，但「古之人」，也同時兼備君子的事功，這樣才能內聖外王並包。可是在莊子其他各篇中，却是以聖人爲起點，向上追求，以達到至人、神人、天人的境界，對於君子的「以仁爲恩，以義爲理，以禮爲行，以樂爲和」，非但沒有讚許，反而有藐視的態度，如在馬蹄篇上說：

「及至聖人，蹩躠爲仁，踶跂爲義，而天下始疑矣，澶漫爲樂，摘僻爲禮，而天下始分矣，故純樸不殘，孰爲犧尊，白玉不毀，孰爲珪璋，道德不廢，安取仁義，性情不離，安用禮樂，五色不亂，孰爲文采，五聲不亂，孰應六律，夫殘樸以爲器，工匠之罪也，毀道德以爲仁義，聖人之過也。」

這段話雖然稍爲偏激，但莊子思想之輕視仁、義、禮、樂，却是事實。

由這一矛盾，我們可以看出莊子雖然談到內聖外王，但就他整個思想來看，只是向內聖外王的兩個端點發展，而忽略了當中的一段工夫，譬如就內聖看來，他只是以至人、神人、天人爲理想，非但忽視君子，甚之對聖人還有微詞；而外王方面，他只是理想着，當大家都成爲至人、神人、天人之後的一個太平盛世，而忽略了如何「以法爲分，以名爲表，以參爲驗，以稽爲決」的實際方法，及「以事爲常，以衣服爲主，蕃息畜藏，老弱孤寡爲意，皆有以養」的具體內容。因此他所達到的理想，也只是如馬蹄篇所描寫的：

「至德之世，其行塡塡，其視顚顚，當是時也，山無蹊隧，澤無舟梁，萬物羣生，連屬其鄉，禽獸成羣，草木遂長，是故禽獸可係羈而遊，鳥鵲之巢可攀援而闚。夫至德之世，同與禽獸居，族與萬物並，惡乎知君子小人哉，同乎無知，其德不離，同乎無欲，是謂素樸，素樸而民性得矣」。

在這裏可以看出莊子雖有「內聖外王」之談，但由於他的內聖，過份偏於向內、向上，而遺漏了實際的一段工夫。他用一個「忘」字，固然可以忘生死，忘是非，忘禍福，忘成毀，忘貴賤，使自己的精神高揚，但這一「忘」，也就使得他「外天下」、「無古今」（莊子大宗師）。套用他自己在天下篇批評墨子的話：也就是「離於天下，其去王也遠矣」。

由此可見莊子的思想，在內聖方面雖然能別樹一幟，可是在外王方面，却始終開不出花朵來，卽使是漢初休養生息的黃老之治，也只能用「老」，而無法用「莊」。其實如果全用老子的思想也只能用於一時，用於一面，所以這種內聖外王的不一貫，實是道家思想的共同缺陷。

3.誠能彌補道家思想的缺陷：

我們先就老子的思想來看，他對道的運用，是割裂的，消損的，可是中庸的誠字却不然。這個誠字，本是人生最切實的行爲，不僅是諸德的基礎，如禮沒有誠，便流於虛飾，孝沒有誠，便形同不孝；而且是爲學最切實的工夫，如中庸在「誠之者，擇善而固執之者也」之後，便接着說：

「博學之，審問之，愼思之，明辨之，篤行之。有弗學，學之弗能弗措也，有弗問，問之弗知弗措也。有弗思，思之弗得，弗措也，有弗辨，辨之弗明，弗措也，有弗行，行之弗篤，弗措也，人一能之，己百之，人十能之，己千之，果能此道，雖愚必明，雖柔必強。」

這一段話說明了爲學的鍥而不捨的精神。爲學雖然是屬於格物致知之事，但這點精誠之意，存乎一心，對物如此，對人也是如此，所以爲學之誠，是篤行之誠，是執善之誠，也即是待人之誠。這是把爲學與爲道貫在一個誠字上，連成了一套工夫，使我們下學可以上達，道問學便能尊德性。

尤其重要的是，這個「誠」是屬於精神方面的修養，中庸作者用這個誠字去一貫天人之道後，便使儒家的形而上思想點化爲道德的、有機的、和積極的，這比起老子形而上思想的理智、割裂、和消損來，顯得更爲圓融，更近乎人性了。

我們再就莊子的思想來看，由於他過份強調向內，向上的發展，而忽略了外王的實際工夫，雖然他在天下篇中也說要「不敖倪於萬物，不譴是非，以與世俗處。」但那只是和光同塵的與世俗相處，並沒有具體的方法去改良世俗。這乃是由於他缺乏從內聖通向外王的動力，而這個動力，就是中庸的一個誠字。

在這裏也許有人要問：莊子不是也推崇「誠」字嗎？爲什麼他的誠字，却不能使他的思想通於外王呢？關於這點我們在本文第二章中曾討論過：莊子的誠字是捨仁義而行，中庸的誠字是由仁義而行。除了這一不同外，最主要的是莊子的誠字純屬內反，如「誠己」、「內誠」、「修胸中之誠」，不像中庸的誠字，兼及「成物」。內反，是心性的修養工夫，「成物」却需要一套知人、治人的智慧。這套智慧是包括了「道問學」的知，這是在外王上少不了的條件，可是由於莊子過份強調內誠，要捨知，忘知，因此自然不能從實際政治上去解決問題，以達到外王的境界。

由此可見中庸的誠字，包括「成己」、「成物」，正可以補充莊子「內誠」的不足，這正是中庸之「誠」字，所以能塡補了莊子思想在「內聖外王」上的一段缺陷。

從以上所論看來，中庸雖然不像論語一樣專注於人事，甚至還帶有一點道家的色彩，但單憑這個誠字，便說明了它在骨子裏完全是儒家的精神。只要能把握這個誠字，便可以使我們像道家一樣崇自然，而不致自陷於虛寂了。

註一　筆者在「禪與老莊」一書中曾說：

「歷代研究老子思想的人，受魏晉玄學的影響，幾乎都是以無爲道之體。據晉書王衍傳的記載：「魏正始中，何晏王弼等祖述老莊立論，以爲天地萬物，皆以無爲爲本，無也者，開物成務，無往而不存者也。陰陽恃以化生，萬物恃以成形，賢者恃以成德，不肖恃以免身；故無之爲用，無爵而貴矣」（晉書卷四十三）。

從這段話裏，可見魏晉的玄學家們簡直用「無」字取代了「道」的地位。何晏以爲道是「惟無所有者也」（何晏無名論），王弼以爲道是「無之稱也」（王弼論語釋疑）。直到近人胡適也承認「道即是無，無即是道」（胡適中國古代哲學史），馮友蘭雖然強調無不等於零，但也承認老子「謂道即是無」（馮友蘭中國哲學史）。」

嚴靈峯先生在「老莊研究」中說：

「中國二千餘年來，對於老子道字之傳統的解說，認爲道是以無爲體的，作者自始至終即不同意這種見解，一貫地堅持一個觀點，即老子的道是有，是有物，是混成之物。同時老子是主有無相生的原則，老子的無也是具有其客觀的現實性，是對象，是客體，佔有空間的位置，是有意義，和有價值的。因爲老子說：『有之以爲利，無之以爲用』。可見老子的哲學是以有爲體，以無爲用，體用十分明白，毋庸置疑。」

註二 高亨老子正詁：

「按：一二三者，舉虛數以代實物也。一者天地未分之元素。………太極亦即此一也，二者天地也，三者陰氣陽氣和氣也。」

莊子齊物論：

「天地與我並生，而萬物與我爲一。既已爲一矣，且得有言乎？既已謂之一矣，且得無言乎？一與言爲二，二與一爲三，自此以往，巧歷不能得，而況其凡乎。」

梁啓超即根據這段話以解老子之「道生一，一生二，二生三，三生萬物。」

註三 筆者在「禪與老莊」一書中曾比較老莊思想的不同說：

「老子明理，由理以入道；莊子明心，從心以適道。老子善守，守弱以致用；莊子善忘，寓忘以順化。

老子貴變，重時空之運用；莊子貴齊，渾時空於一體。老子重聖治，猶未忘權變之機，莊子重神化，已入逍遙之境。」

註四 筆者在「禪與老莊」一書中曾指出老子用弱的眞意，約有四點，卽，「知足常樂」、「不露鋒芒」、「把握樞機」、「曲成之道」。

註五 關於「坐忘」兩字，吳師德生博士在「禪學的黃金時代」中曾有一段精彩的解釋：

「坐忘兩字的原意，萊濟（Legge）翻爲『我坐着而忘了一切』，伽爾斯（Ciles）和林語堂翻爲『我坐着而忘了自己』，馮友蘭翻爲『忘了一切』，鈴木大拙翻爲『心忘』，我認爲這個『坐』字不應從字面上去體味，它的意思，可以說是坐於忘，或沉入於忘的境界。這個忘的範圍很廣，包括了忘己和忘物，不僅要坐着才能忘，而是在任何情形中都能忘。」（禪學的黃金時代第一章四頁）

筆者在「禪與老莊」一書中，曾把莊子的「忘」，分爲忘己、忘物、及忘忘，也正是這個意思。

註六 道有常道變道之分，如「道可道，非常道」，智有大智小智之分；如「大智若愚」，是大智，「絕聖棄智」，是小智。

第八章　誠可以針砭佛學思想的空疏

由於中庸之誠，可以補道家思想之短，所以自子思而後的先秦儒家，都強調這個誠字，都以排道爲己任。但自戰國以後，道家變質（一變於黃老，再變於神仙，三變於玄談，見（註一）），而此後的儒家，經漢武帝的推崇，定於一尊，沒有了外在的威脅，也就消失了搏鬥的活力，以致流於空疏（註二），因此這册足以和各家思想抗衡的寶典——中庸，也無用武之地，而被束之高閣，成爲禮記的一篇（註三）。

直到印度的佛學，源源而來。它的教旨，和中國的人倫道德大不相同，因此又逐漸激發了儒家的覺醒，於是身負道統大任的中庸一文，又逐漸被重視。所以自六朝開始，研究中庸的著作便有宋戴顒的禮記中庸傳二卷，梁武帝的中庸講疏一卷，及私記制旨中庸義五卷（註四）。唐代有李翺的中庸說一卷，到了宋代更熱鬧了，胡瑗有中庸義一卷，陳襄有中庸講義一卷，喬執中有中庸義一卷，司馬光有中庸廣義一卷(註五)。直到朱子兼採二程對中庸的解說，寫下了不朽的中庸章句(除中庸章句外，他還有中庸輯略，中庸或問等文)，使中庸和論語、孟子並列，成為四書之一，被奉為孔門傳授的心法。

從這一連串的事實看來，這些儒家們的推崇中庸，顯然和佛學思想的發展是不無關係的。尤其宋明儒家的標揚中庸，根本是為了對抗佛學。本章也就是從這一意義，去研究中庸之誠在宋明儒家心目中的地位和作用。

在未論到宋明儒家對誠字的看法之前，我們必須先看看佛學的心性思想，因為中庸的誠，也是屬於心性的範圍，這兩者常被人混為一談，因此我們首先須加以澄清。

1.佛家心性思想和中庸誠字的似是而非

在佛學中，特別強調「明心見性」，和中庸的思想最有關係，和宋明的儒學最易混淆不清的，就是禪學思想。因此本章所論佛學的心性思想，是以禪學為主。

禪宗有四句最重要的偈語，就是：

「教外別傳，不立文字，直指人心，見性成佛」(指月錄卷一)

這四句偈中，前兩句只是標明禪宗的風格，後兩句才眞正觸及思想的精神。現在我們就從後面兩句話，先看看這個心和性的關係。慧能在壇經中曾說：

「心是地，性是王，王居心地上，性在王在，性去王無，性在身心存，性去身心壞。」(決

疑品第三）（註六）

拿這段話去和儒家的思想比較，更可以看出禪學和儒學對心和性的關係這一點上，並沒有多大差別，因為儒家也認為性是心之體，所以要盡心以知性。（註七）

基於慧能的這種看法，因此禪宗所謂「直指人心，見性成佛」，就是要使我們的心和性合一。這個和性合一的心，是眞心；而這個性，就是自性。實際上，眞心和自性本是一個東西，明白的說，即是眞我。這個眞我不同於一般觀念意識上的「我有」、「我見」、「我執」，它有兩個特質：

(1)本來的面目：

六祖壇經中有一段慧能傳法的故事：

「慧能曰：『不思善，不思惡，正與麼時，那個是明上座本來面目？』惠明言下大悟，復問云：『上來密語密意外，還更有密意否？』慧能云：『與汝說者，即非密也，汝若返照，密在汝邊。』」（自序品第一）

在禪宗的文獻裡，這是第一次提出「本來面目」四字。其實慧能所指的，也就是自性，或眞我。這段話值得我們注意的地方有兩點：第一點就是要在「不思善」、「不思惡」的時候，想一想那個是自己的眞我，這並不是說無善無惡即眞我，而是說這個眞我超乎善惡之上（註八）。不僅是超乎善惡，而且是超乎所有相對的現象，及觀念意識之上。這個本來面目相當於莊子所謂「兩忘（

按：指是非，榮辱等）而化其道」的眞人。所以後來的禪宗便直接稱爲眞人，如臨濟義玄禪師便說：

「汝等諸人赤肉團上有一無位眞人，常向汝諸人面門出入，未證據者看看。」（景德傳燈錄卷十二）

「五蘊身田內有無位眞人，堂堂顯露，無絲髮許間隔，何不識取？心法無形，通貫十方，在眼曰見，在耳曰聞，在手執捉，在足運奔，心若不在，隨處解脫。」（景德傳燈錄卷二十八）

這個赤肉團，五蘊身，卽是我們的軀殼，這是假人，假我；而在其中活動，不受軀殼限制的，乃是眞人，乃是眞我。也就是所謂的本來面目。後來的禪宗，所要去參，去證，去悟的，就是這個本來面目。

第二點値得注意的，就是這個「密在汝邊」的密字，由這個密字，可以看出自性含藏之深。百丈懷海曾有一段傳法的故事：

「一日，（靈祐）侍立，百丈問誰？師曰：『靈祐』。百丈云：『汝撥鑪中火否？』師撥云：『無火』。百丈躬起，深撥得少火，舉以示之，云：『此不是火？』師發悟禮謝。」（景德傳燈錄卷九）

這點火星象徵自性，必須從心中深深的去撥。這個「深」字不僅是寫工夫要下得深，而且是說明這種工夫必須向內去深撥。

禪宗這種求眞我，和向內深撥的說法，與莊子的求眞人，和「內誠不解」的思想，是大同小異的。而且這與中庸誠字的「自成」，能「盡性」，也是極易混淆的。

(2)現成的道體：

這個自性雖然須向內探求，但等到見了性後，它又是向外開放的，這是自家的本來面目，也是人人的本來面目，也是宇宙的本來面目，這個「密」雖在「汝邊」，但也在人人那邊，也在宇宙那邊，因此也就變成了公開的秘密。

在五燈會元中曾記載一段故事：

「太史山谷居士黃庭堅……往依晦堂（卽黃龍祖心）乞指徑捷處，堂曰：『祇如仲尼道二三子以我爲隱乎？吾無隱乎爾者，太史居常如何理論？』公擬對，堂曰：『不是，不是』。公迷悶不已。一日晦堂山行次，時巖桂盛放，堂曰：『聞木犀華香麼？』公曰：『聞』。堂曰：『吾無隱乎爾。』公釋然卽拜之曰：『和尚得恁麼老婆心切』。堂笑曰：『祇要公到家耳。』」（五燈會元卷十七）

黃龍希望山谷回的是什麼家，這個家就是自性。不過自性之門是洞開的，從這個門看出去，山河大地，歷歷在目，一切都是現成的。在這時，自性和自然融成一體，這個自性不只是眞我，而且也是化於自然的道體。所以慧能曾說：

「其性無二，無二之性，卽是實性。實性者，處凡愚而不減，在賢聖而不增，住煩惱而不亂，居禪定而不寂。不斷不常，不來不去，不在中間，及其內外，不生不滅，性相如如，常住不遷，名之曰道。」

（壇經護法品第九）

慧能把這個自性開展爲道後，這個道是無所不在的，因此自性也是無所不在的，此後的禪宗本着這一看法，而提倡「平常心是道」（註九）。認爲青山綠水都是自性的顯現，着衣喫飯都是自性的工夫。禪宗思想發展至此，已完全把這個較爲神秘的自性，又自然化而爲現成的道體了。

禪宗這種把自性契合於自然的思想，不僅和莊子的由「內誠」，以「應天地之情」有異曲同功之妙，而且和中庸誠字的通變化，配天地，也有相似的面貌。

由於禪宗所謂的「自性」有這兩個特質，因此他們見性的方法也有兩個途徑：

(1)禪定：

禪宗的禪字，本是印度梵文「禪那」兩字音譯的簡稱，意思是靜慮和禪定，這本是印度各種宗教的共法，而佛學各宗也都離不了禪定的工夫。

禪定的初步工夫是屬於止觀法門。先由調身、調息、使心念專一，這叫做「止」，再由內觀自心，有所體證，這叫做「觀」。雖然止觀法門，也是佛家各宗修習靜坐的基本方法，但後來禪宗的「參話頭」，也都是以這個方法爲基礎（註一〇）。無論是止觀也好，參話頭也好，他們之所以要通過禪定之路，都是爲了要把捉這個眞我，譬如參話頭時，常常提到的話頭是：

「念佛是誰？」

「念是何人，心是何佛？」

「無夢無想，主人公何在？」

「生從何處來，死向何處去？」

這些話頭都是在求一個眞我，見一個本來面目。所以佛家的修習禪定，也是「見性」的一種工夫。

⑵頓悟：

禪宗對於禪定的工夫是「半肯半不肯」的。因爲禪定是佛家的共法，所以禪宗也離不了禪定。但他們認爲「自性」既然並非完全內在的，而是契合自然的道，因此執着於禪定，反而有礙於見性。所以慧能一面批評神秀一派以禪定爲主的不當（註一一）；一面另闢蹊徑，主張頓悟。

頓悟雖然也要悟自性，但却不是一味向內探索，而且也要向外開放，去順萬物之自然。關於這點，我們可以從許多悟道的故事中看出：

靈雲志勤禪師，有一次，看到桃花而悟道，寫下一首偈語說：

「三十年來尋劍客，幾回落葉又抽枝，自從一見桃花後，直至如今更不疑。」（指錄卷十三）

香嚴智閑禪師，有一次，在山中除草，因瓦礫擊竹而悟道，也寫了一首偈語說：

「一擊忘所知，更不假修治，動容揚古路，不墮悄然機，處處無縱跡，聲色外威儀，諸方達道者，咸言上上機。」（景德傳燈錄卷十一）

其他如洞山良价禪師的見倒影而悟道(註一二)德山宣鑒禪師的因燭火被吹熄而悟道(註一三)、張九成居士的聞蛙聲而悟道(註一四)。長慶慧稜禪師二十年來坐破了七個蒲團，一次因捲簾而悟道(註一五)。在禪宗的文獻裡，到處都是這些故事。

我們研究這些故事，可以看出悟道者在事前並沒有心理的準備，而是由於宇宙中突然的一個聲響，或一個現境，引他們去悟道的。我們不論他們所悟的是什麼境界。但就其表現上來看，顯然是由於這突如其來的一聲、一境、敲開了他們的心扉！使他們的自性和自然融成一體。

總合以上所述看來，禪定是要體認眞我，頓悟是要融眞我於自然。在表面上，和中庸誠字的講「自成」，配天地，有點相似；但骨子裡却完全不同，所以朱子在中庸章句序裡便批評他們：「彌近理而大亂眞。」關於這個亂眞之處究竟在那裡，以及用誠字如何去破佛學的亂眞，這一點，我們留到後面，讓宋明儒家來解答。

2.宋明儒家眼中的佛學之病：

代表儒家身份，批評佛學思想的，並不始於宋代的理學家；早在隋唐時，便有王通、韓愈、和李翺等人，高舉起排佛運動的大纛。但王通、和韓愈的排佛，只是沿襲了過去道士攻擊佛教的舊說，如從夷夏、倫常、租稅，及治亂壽夭等問題立論，而沒有觸及佛學思想的精神，所以他們的排佛，只是偏於佛教，而不是佛學(註一六)。至於韓愈的學生李翺，在這方面的造就便青出於藍，他於「復性書」中便採用佛學「寂滅」的方法以息情，如他說：

「人之所以爲聖人者，性也；人之所以惑其性者，情也。喜怒哀懼愛惡欲七者，皆情之所爲也。情既昏、性斯溺矣，非性之過也，七者循環而交來，故性不能充也。……情之動勿息，則弗能復其性，而燭天地爲不極之明。」

然後主張用中庸「誠則明」的方法，以復性，他說：

「道者，至誠也，誠而不息則虛，虛而不見則明，明而不息，則照天地而無遺，非他也，此盡性命之道也。」

雖然他特別提出中庸，拿中庸的誠字來復性；但他對情的看法不是中庸的原意，因此滅情的方法，也不是中庸的思想(註一七)。他的努力只做到「靜則禪，動則儒。」的地步，這和張之洞那種「中學爲體，西學爲用」的論調是一樣的不夠成熟。在表面上，固然是謀兩家的調和；而實際上，却不免流於割裂(註一八)。所以他仍然未能以儒家的眼光，很深刻的指出佛學的病痛所在。不過儘管他們的思想尚不足以對抗佛學，但他們的這一努力，却激起了宋明儒家排佛的高潮。

在宋明儒家中，幾乎都是以排佛的使命自任。當然他們的理論也有不少是承襲了韓愈、李翺等人的路子。眞正一語中的者，却並不多見。現在我們列舉幾點較具代表性的理論如下：

⑴離於人倫：

程明道曾說：

「道之外無物，物之外無道，是天地之間，無適而非道也。卽父子而父子在所親，卽君臣而君臣在所嚴，以至爲夫婦，爲長幼，爲朋友，無所爲而非道，此道所以不可須臾離也。然則毁人倫，去四大者，其外於道也遠矣！」（近思錄卷十三第三一六頁）

⑵陷於虛無：

朱子曾說：

「若佛家之說，都是無，已前也是無，如今眼下也是無，色卽是空，空卽是色。大而萬事萬物，細而百骸九竅，一齊都歸於無，終日吃飯，却道不曾咬着一粒米，終日着衣，却道不曾掛着一條絲。」（朱子語類卷百二十六第六頁）

⑶發於自私：

象山曾說：

「某嘗以義利二字判儒釋，又曰公私，其實卽義利也。……釋氏以人生天地間、有生死、有輪廻、有煩惱，以爲甚苦，而求所以免之。其有得道明悟者，則知本無生死，本無輪廻，本無煩惱，故其言曰：生死事大，如兄（按指王順伯）所謂菩薩發心者，亦只爲此一大事。

其教之所從立者如此，故曰利、曰私。」（象山全集卷二與王順伯書）

(4)偏於出世：

陽明曾說：

「佛氏着在無善無惡上，便一切都不管，不可以治天下」。（傳習錄上薛侃錄）

又說：

「釋氏却要盡絕事物，把心看做幻相，漸入虛寂去了，與世界若無些子交涉，所以不可治天下。」

（傳習錄下錢德洪錄）

以上雖然是舉程朱陸王四大家的理論爲例，但所提出的四個問題，可說已概括了宋明儒家排佛的基本態度和要點，不過這四點都是就作用上來看，並未觸及佛學思想的本質。事實上，宋明儒家對於這方面似乎都是有意的避而少談，正如程伊川所說：

「釋氏之說，若欲窮其說而去取之，則其說未能窮，固已化而爲佛矣！只且於迹上考之，其設教如是，則其心果如何，固難爲取其心不取其迹，有是心，則有是迹。王通言心迹之判，便是亂說，故不若且於迹上斷定，不與聖人合。其言有合處，則吾道固已有；有不合者，固所不取，如是立定却省易。」（近思錄卷十三第三二二頁）

伊川所謂「迹」，就是指作用；所謂「心」，就是指本質。伊川的意思是要我們從作用上去判別佛學思想的本質是否有毛病。而不必一開始就從佛學的形而上方面去鑽研，如果轉不出來，反爲佛學所迷，因爲「大抵二氏（佛老）之學，其妙與聖人只有毫釐之間。」（陽明語，見傳習錄上），可見佛學和儒學在形而上方面只差幾希，不易把捉。反不如從作用上去透視，較爲直截了當。

事實上，這所差的幾希，乃是差在佛學的形上思想沒有一段切實的下學工夫，這是站在儒家立場來看佛學的眞正病痛所在，如明道曾批評說：

「釋氏本怖死生爲利，豈是公道，惟務上達而無下學，然則其上達處，豈有是也。元不相連屬，但有間斷，非道也。孟子曰：『盡其心者，知其性也。』彼所謂識心見性是也。若存心養性一段事，則無矣，彼固曰：出家獨善，便於道體自不足。」（近思錄卷十三第三一八頁）

關於這一點，陽明傳習錄中有更精彩的討論：

「王嘉秀問：『佛以出離生死，誘人入道，仙以長生久視，誘人入道，其心亦不是要人做不好。究其極至，亦是見得聖人上一截，然非入道正路……仙佛到極處，與儒者略同，但有了上一截，遺了下一截，終不似聖人之全……。』先生（陽明）曰：『所謂大略亦是，但謂上一截，下一截，亦是人見偏了如此。若論聖人大中至正之道，徹上徹下，只是一貫，更有甚上一截，下一截。』」（傳習錄卷上陸澄錄）

明道所謂「無下學」，王嘉秀所謂「遺了下一截」，可能會引起佛家的反駁，因爲他們講戒定慧之學，就拿戒律來說，比丘有二百五十戒，比丘尼有三百四十八戒，其條文不可謂不細，其律己不可謂不嚴，這不是下學是什麼？事實上，明道和王嘉秀並非不知道佛家也有很嚴肅的修持之學，他們的意思是認爲佛家的修持，畢竟只是作出世的準備，而與修身齊家之內聖，經國治民之外王，毫無關涉，所以佛家在工夫的起點便走偏了，最後自然無法上達，無法見聖人之全。至於陽明的見解，更爲徹底，他認爲聖人之道無分上下，下學卽是上達，下一截卽是上一截，所以他又說：

「後儒教人，才涉精微，便謂上達未當學，且說下學。是分下學上達爲二也。夫目可得見，耳可得聞，口可得言，心可得思者，皆下學也。目不可得見，耳不可得聞，口不可得言，心不可得思者，上達也。如木之栽培灌漑，是下學也；至於日夜之所息，條達暢茂，乃是上達，人安能預其力哉！故凡可用功，可告語者，皆下學。上達只在下學裡。凡聖人所說雖極精微，俱是下學，學者只從下學裡用功，自然上達去，不必別尋個上達工夫。」（傳習錄卷上陸澄錄）

陽明這段話非常精闢，就是說論工夫，只有下學，所謂上達只是指下學工夫的深切，並沒有另外一套上達的工夫。我們拿中庸來說，天之道的「誠」，和人之道的「誠之」，都是一個誠字，是一套工夫，而不是兩套工夫。

然而陽明這話可能又會遭到佛家的抗議，因爲禪宗也主張「平常心是道」，認爲茶來喝茶，飯來吃飯，運水搬柴，莫非是道，這豈不也是寓上達於下學嗎？其實不然，這裡面只有幾微之差，可是精神却大不相同（按本章第四節將有說明），因爲禪宗的平常心把重點放在自性和自然之間，高明的人，固然可以順本性的自然，以返眞歸樸（在這方面，和道家相似）；等而下之的狂禪，却只是順生理之自然，反而有違於人情（在這方面，和魏晉的清談名士相似。），但儒家的下學却是把重點放在我與人之間，從倫理上去擴充本性，完成人性，以立功立德。

由以上宋明儒家的所論看來，他們都一致的認爲佛學之病，乃是病在下學的空虛。這裡所謂的空虛，並非說沒有下學，而是說佛家的下學走偏了，離於人倫，遠於日用，便自然會流於空虛。儘管他們也立誓救世救人（註一九），甚之，也推崇一般的德行，如慧能在壇經中便說：

「心平何勞持戒，行直何用修禪，恩則親養父母，義則上下相憐，讓則尊卑和睦，忍則衆惡無喧，若能鑽木取火，淤泥定生紅蓮，苦口的是良藥，逆耳必是忠言，改過必生智慧，護短心內非賢，日用常行饒益，成道非由施錢，菩提只向心覓，何勞向外求玄，聽說依此修行，天堂只在目前。」（壇經決疑品第三）

這已是非常儒學化的禪理。在所有佛學的文獻裡，像這樣強調孝義之德，實在少見。可是由於他們的生活、信仰、和理想，畢竟都是出世的，因此在這方面始終無法調和，就拿慧能自己來說，他雖然承認「若欲修行，在家也得」、公開的說：「恩則親養父母」，可是限於自己是一位僧侶，始終無法回家侍奉年邁的母親。這就是佛家在思想和行爲上所顯露出的一種割裂的毛病。

（註二〇）

至於如何針砭這種毛病，在宋明儒家的思想中，最有用的一劑特效藥，就是一個誠字。

3. 宋明儒家對誠字的新體認

由於佛學的刺激，和對抗佛學的需要，宋明儒家對於中庸的這個誠字有了新的體認。關於這點，我們可以從三方面看出：

(1) 誠和乾道的相合

佛學在形而上方面有龐大的體系，有精闢的見解，這是佛家思想的大本營，也是伊川等認爲最容易使儒家失足的大陷阱。而宋初的幾位儒家認爲要對抗佛學思想，首先便必須把砲口對準這個目標。

他們雖然在中庸裡找到了這個天之道的誠字，作爲儒家形而上的堡壘，但總感中庸對天道方面闡述得還不夠多，因此又找到了一本專門談儒家天道的書，作爲誠字的後盾，這部書就是易傳。

首先把中庸的誠字和易傳的乾道打成一片的，就是周濂溪，他在通書中說：

「誠者，聖人之本，大哉乾元，萬物資始，誠之源也，乾道變化，各正性命，誠斯立焉，純粹至善者也，故曰：一陰一陽之謂道，繼之者善也，成之者性也。元亨，誠之通；利貞，誠之復。大哉，易也，性命之源乎！」（通書誠上第一）

這種用誠扣緊乾道去釋儒家的形而上思想（註二一），正寫出了儒家形而上思想的充實而作有動力，這和佛家形而上思想的易偏於空寂（按在本章第四節，將另有說明），正好是一個對比。所以濂溪用誠去配合乾道，實是別具用心的作法。

不過，易傳的乾道散為陰陽二氣，再流為五行的變化，便逐漸物質化了，因此濂溪用誠去配合乾道之後，這個誠字，也就粘合在物質性的觀念上，說動靜，說有無，而逐漸離道德以虛脫，雖然他曾說：

「誠，五行之本，百行之源。」（通書誠下第二）

但又說：

「誠無為，幾善惡，德愛曰仁，宜曰義、理曰禮、通曰智、守曰信。」（通書誠幾德第三）

可見在動（易繫辭傳說幾者動之微）了之後，有善惡，才有仁義等德行，而誠是無為，是善惡未形成之前的境界，似乎與仁義等德行隔了一層。這與中庸作者就道德而說誠，顯然有了一點距離。

和濂溪所走的路線相似的是張橫渠，他在正蒙中說：

「所謂誠明者，性與天道。不見乎小大之別也。義命合一，存乎理；仁智合一，存乎聖；動靜合一，存乎神；陰陽合一，存乎道；性與天道合一，存乎誠。天所以長久不已之道，乃所謂誠。」（正蒙誠明篇）

雖然他用誠字去合天人之道，這和中庸的思想並無差別，可是他進一步，認為誠，就是天的長久不已之道，而他在天道思想上，又大談太和，太虛等氣化現象，如：

「太和所謂道，中涵浮沉、升降、動靜相感之性，是生絪縕相盪，屈伸之始。」（正蒙太和）

「太虛不能無氣，氣不能不聚而爲萬物，萬物不能不散而爲太虛，循是出入，是皆不得已而然也」。（太和篇）

因此橫渠的誠字，就其天道方面來看，也是粘合在氣化上，這和中庸作者透過誠字，去把天道引入了人性的範圍來，顯然是步調並不一致。

綜合濂溪和橫渠兩人的思想，雖然他們努力地去建構一套儒家的形上思想，以對抗佛家的形上思想，但可惜他們沒有好好把握誠字在實踐道德上的意義，去攻佛學之所短，而在形上方面談得太多，即使他們也能爲儒家提出一套形上思想，但以楔去楔，自身又落入了形而上的窠臼中（註二三）。所以他們在這方面的努力，並沒有收到很大的效果。

(2)誠和致知的相貫

濂溪和橫渠在形上思想方面之所以未能建下大功，乃是因爲佛學在形上方面的發展已有很長的歷史，而且這又是他們最堅固的堡壘所在，當然不是輕易就被攻破的。此後的儒家似乎已覺察到這一點，於是便把目標由形上思想轉到下學方面，以攻佛家之所短。

在攻佛家下學方面的空虛時，儒家本身也應提出一套下學的切實工夫。雖然儒家在這方面的德目很多，但就天人合一，內聖外王的意義來看，最合乎這一理論需要的，却首推中庸的誠字。

不過在這裡必須注意的是，此後的宋明儒家，爲了特別強調誠字在內聖外王上的作用，幾乎都把中庸的誠字，扣緊大學的誠意，而發展到致知方面去。

在這條陣線上努力奮鬪的有伊川、朱子、陽明等人，他們和濂溪、横渠不同的是，特別重視大學一書（註三），而他們之所以特別重視大學，就是我們前面所說的，他們對抗佛學的態度，由形上轉到下學，把誠字和致知連貫在一起。

由於這一連貫，在他們的著作中，中庸之誠和大學之誠便混爲一談了。事實上，他們也認爲兩者在工夫上本是一貫的，如陽明曾說：

「大抵中庸工夫，只是誠身，誠身之極，便是至誠。大學工夫只是誠意，誠意之極，便是至善，工夫總是一般。」（傳習錄卷中薛侃錄）

可見在工夫上，中庸的誠字可以貫注到大學的誠字上，而大學的誠字，是配合了格物、致知來談的，所謂：

「欲誠其意者，先致其知，致知在格物，物格而后知至，知至而后意誠。」

在本文第五章中，我們曾談到中庸作者也注意到這個知字，所謂「成物，知也」。因此宋明儒家把誠字和致知連在一起，對於中庸誠字的本義來說，並無不合。只是中庸的知字，着重在知天、知人的睿智，而宋明儒家的知字，却更落實到物理和事理上。如有人問伊川：「進修之術何先？」伊川回答說：

「莫先於正心誠意，誠意在致知，致知在格物。格，至也。如祖考來格之格，凡一物上有一理，須是窮致其理。窮理也多端，或讀書講明義理，或論古今人物，別其是非，或應事接物而處其當，皆窮理也。」（二程遺書伊川語卷四第七頁）

朱子對於致知的看法也是本於此的。雖然後來陽明把致知解作致良知，但他的致良知也不是像佛家一樣的屬於空觀和冥想，而是及於物理，及於事理的。如他說：

「若鄙人所謂致知格物者，致吾心之良知於事事物物也。吾心之良知，卽所謂天理也。致吾心良知之天理於事事物物，則事事物物皆得其理矣。」（傳習錄中答顧東橋書）

由此可見伊川等人對於致知的看法，都是要窮一個實實在在的理，這個理雖然是天理，但下手的工夫，却是周圍的事事物物，如讀書論學，處世接物，所以經過了他們把誠字連接到致知上，無異使中庸的誠字，更充實了「爲學」、「求知」的切實工夫。宋明儒家眞正能和佛學對抗，攻其所短的，以筆者的看法，就在於這方面了。

(3)誠和持敬的相連：

宋明儒家在下學方面有兩個重要的工夫，就是伊川所謂的：

「涵養須用敬，進學則在致知。」

前面我們已談過誠和致知的關係，現在我們要接着再看看誠和持敬的關係。

這個敬字，雖然孔孟都非常重視，但只是單獨的當作恭敬使用（註二四），而宋明儒家不僅把誠敬連在一起，甚至認爲敬就是誠的實際工夫，如明道曾說：

「誠者，天之道；敬者，人事之本，敬則誠。」（遺書明道語卷一）

「天地設位而易行乎其中，只是敬也，敬則無間斷，體約而不可遺者，誠敬而已矣！」（遺書明道語卷一）

然而爲什麼宋明儒家的這種看法，就是對誠的一種新體認呢？要了解這點，我們必須先看看宋明儒家和佛學思想的一段因緣。

中庸的誠字，按照宋明儒家的看法，都當作眞實無妄來解（註二五），但佛家認爲他們追求的道，也是眞實無妄的，那麼，其間究竟有些什麼差別呢？依據伊川的見解，在形上方面很難把捉，不如從「迹」上看，因此我們就從迹上看，佛家的工夫不離坐禪（註二六），可是宋明儒家受佛學的影響，也主張靜坐，如朱子便說：

「明道教人靜坐，李先生（延年）亦教人靜坐，蓋精神不定，則道理無湊泊處。」（朱子語類）

「始學工夫須是靜坐，靜坐則本原定，雖不免逐物，及收歸來也有個安泊處。」（朱子語類）

這樣一來，宋明儒家的入手工夫也強調靜坐，豈不是與佛家又相同了嗎？其實不然，佛家的坐禪要講究跏坐的規矩，要凝神於空觀。但宋明儒家的靜坐，却並不是跏坐，也無須斷絕思慮，如朱子所謂：

「靜坐非是要如坐禪入定，斷絕思慮，只收斂此心，莫令去作閑思慮，則此心湛然無事，自然專一。及其有事，則隨事而應，事已則復湛然矣！」（朱子語類）

可見宋明儒家的坐禪，並不是完全和事絕緣，只是在事前，收斂此心，使歸於靜；在事後，再收斂此心，又歸於靜。這個靜字並不是從老子的「致虛極」，和佛家的「守空寂」而來，在荀子解蔽篇中便有：

「何以知道，曰：心。心何以知？曰虛壹而靜。……故心未嘗不動也，然而有所謂靜，不以夢劇亂知，謂之靜。未得道而求道者，謂之虛壹而靜。」

在大學中也有：

「知止而后有定，定而后能靜，靜而后能安，安而后能慮，慮而后能得。」

宋明儒家雖然不提荀子，但却推崇大學。所以大學的這段話至少可以看作他們主靜的一個淵源。而大學這段話的靜，配合了該章下文的致知，誠意，顯然是指意的誠。因爲靜字按照朱子的解釋是「心不妄動」，也卽意不妄動，所以他們的主靜，實是爲了誠意，濂溪把主靜解作無欲，也就是這個意思（註二七）。

然而宋明儒家深怕由靜以致誠，把握不住，而流於虛寂，所以又把這個靜字轉爲敬字，如伊川所謂：

「才說靜，便入於釋氏之說也，不用靜字，只用敬字。」(二程遺書卷十八)

又說：

「主一者謂之敬，一者謂之誠，主則有意在。」(二程遺書伊川語卷十)

在這裡可以看出宋明儒家的主靜，或靜坐，並非像佛家那種好靜的長坐，或頓斷思慮的參禪，而是要持一個敬(註二八)，誠一點意，使心中有所主，而不爲物欲所亂，外境所擾。如伊川的一段故事。

「(伊川)貶涪州，渡江中流，船幾覆，舟中人皆號哭，先生獨正襟安坐如常。已而及岸，同舟有父老問曰：『當船危時，君獨無怖色，何也?』曰：『心存誠敬爾。』」(宋元學案伊川學案第一六六頁)

正襟危坐，即是靜坐時，並非空掉一切，而是爲了存養這點誠敬，以克服外來的刺激，正是孟子所謂「先立乎其大者，則其小者弗能奪也。」

由此可見宋明儒家把誠字連接在持敬上，用敬其事去致誠，乃是對佛家在坐禪時講誠，把誠導入空觀和冥想的一種針砭。這也是宋明儒家受佛家影響之後，應變求通，而對中庸之誠的一種新體認。

4. 誠字可以治佛學之病：

筆者曾一再的強調，宋明儒家之所以把中庸之誠，透過大學的誠意，和致知及持敬連在一起，乃是着重在下學的「誠之者」。如果這個誠字，不能從致知上去成物，從持敬上去處事，那麼，空談天道之誠，那與佛家所談的眞如本體又有什麼差別呢？

熊十力先生在新唯識論中曾批評佛家的眞如本體說：

「自小乘以來，本以出離生死爲終鵠，所以他們所趣入的本體，只是一個至寂至靜，無造無生的境界，及大乘空宗肇興，以不捨衆生爲本願，以生死涅槃兩無住着爲大行，雖復極廣極大，超出劣機，然終以度盡一切衆生，令離生死爲蘄向，但不忍獨趣涅槃耳，空宗還是出世思想，所以空宗所證得於本體者，亦只是無爲無相，無造無作，寂靜最寂靜，甚深最甚深，而於其生生化化，大流行不息眞幾，終以其有所偏，而不曾領會到。」（新唯識論卷中第五章二十二頁）

由於佛家的眞如本體是偏於空寂的，因此他們通向眞如本體的途徑只有兩種可能：一是他們也強調下學的工夫，如持戒，佈施等，可是等他們返於眞如本體時，這些工夫又成爲拖累，必須一一拋棄；二是他們自始便從空處着手，絕思慮，泯是非，一空到底。從這兩條路子看來，如果按照前者，便形成了下學和上達的割裂；如果按照後者，則從根本上便否定了下學的價值。試想「心平何勞持戒」，「成道非由施錢」，這樣一來，持戒和佈施，在最高的道體上，還有什麼意義？所以佛家在眞如本體上的空寂，使得其下學的工夫受到了貶抑，非但不能自然上達，反而成爲一種障礙。

至於宋明儒家推崇的這個誠字，非但沒有這種毛病，而且還可以針砭這種毛病。因爲誠字有致知及持敬的切實工夫，這種工夫有兩個特點：

(1)致知可以由下學而上達：

致知雖然是研究事物之理，但我們如果研究事物之理，能窮其根本，從形而下的器，看到形而上的道，便可以證得天理。像陽明對着竹子。格了七天，格不出什麼名堂，這是因爲他自己根本沒有了解窮理的意思，所以連最粗淺的知識都得不到，又如何能上達。朱子曾說：

「致，推極也。知，猶識也。推極吾之知識，欲其所知無不盡也。格，至也。物，猶事也。窮至事物之理，欲其極處無不到。」（大學第一章注）

初步的知，只是對萬物的一種「識」，這「識」，包括了一般對物理的知識，及事理的常識。而最後「極處無不到」的知，却已昇華爲一種「智」，這種「智」乃是「識」和人性發生了關係的睿智，或智慧。致知的工夫，就是把格物所得的知識，變爲智慧。這種工夫，和佛家的「轉識成智」，在字面上相似，精神却完全不同。雖然佛家的「識」是「了別」作用（註二九），和朱子所謂的「識」並無差別；但佛家的轉識乃是破除「了別」之識，是採取否定的方式。而儒家的致知，乃是推致「了別」之識，是採取上達的方式。就這一意義上看，宋明儒家的致知，正可以針砭佛家「轉識」工夫的流於空虛。

(2)持敬可以由內聖而外王：

這個敬字，在孔子的思想中，便有對內對外的雙重任務，如：

「子路問君子，子曰：『修己以敬。』」（憲問篇）

這是修身之敬。又如：

「子曰：『道千乘之國，敬事而信，節用而愛人，使民以時。』」（學而篇）

這是外王之敬。

後來宋明儒家注重這個敬字，也都把它當作合內外之道的切實工夫，陳淳在北溪字義中便說：

「程子（伊川）就人心做工夫處，特注意此字，蓋以此道理貫動靜，徹表裡，一始終，本無界限。閒靜無事時，也用敬，應事接物時，也用敬，心在裡面也如此，動出外來做事也如此。初頭做事也如此，做到末梢也如此，此心常無間斷，才間斷，便不敬。」（北溪字義上卷）

又說：

「格物致知也須敬！誠意正心修身也須敬；齊家治國平天下也須敬；敬者，一身之主宰，萬事之根本也。」（同前）

可見這個敬字也是內聖外王的工夫。

宋明儒家這種工夫之所以能治佛學之病，就在於他們把誠字透過了致知，和持敬，去扣緊在物上，和事上。從窮其理，敬其事，以完成「人之道」。而佛家的毛病，總是對現實生活有意的規避。儘管禪宗認爲他們的「茶來喝茶」，「飯來吃飯」，就是注重現實生活。其實，喝茶吃飯，只是一種生理的本能，與禽獸並無兩樣。而我們之所以爲人，喝茶還有喝茶的規矩，吃飯還有吃飯的禮節，正如朱子所謂：

「飢而食，渴而飲，日出而作，日入而息，其所以飲食作息者，皆道之所在也，若便謂飲食作息是道則不可，與龐居士神通妙用，運水搬柴之頌一般亦是病。如徐行後長與疾行先長，都一般是行，只是徐行後長方是道，若疾行先長，便不是道，豈可說只認行底便是道，神通妙用，運水搬柴，須是運得水是，搬得柴是，方是神通妙用。若運得不是，搬得不是，如何是神通妙用。佛家所謂作用是性，便是如此，他都不理會是和非，只認得那衣食作息，視聽舉履，便是道，說我這個會說話底，會作用底，叫着便應底，便是神通，更不問道理如何，儒家則須是就這上尋討個道理方是道。」（中庸集編引朱子語）

同時，我們人的現實生活，除了物質的需求以外，還有家庭的倫常，和社會的關係，可是佛家却認爲那些都是一種執着，必須加以破除。事實上，他們卽使逃了父子，又逃了君臣，而他們所生活的僧團，仍然有尊卑，仍然有朋友，仍然離不了忠恕誠敬，所以他們愈想逃，而始終無法逃，正如陽明所謂：

「佛氏不着相，其實着了相。吾儒着相，其實不着相。……佛怕父子累，却逃了父子，怕君臣累，却逃了君臣，怕夫婦累，却逃了夫婦，都是爲個君臣父子夫婦着了相，便須逃避。如吾儒有個父子，還他以仁；有個君臣，還他以義；有個夫婦，還他以別，何曾着父子君臣夫婦的相。」（傳習錄下黃直錄）

陽明這話非常精闢，他所謂君臣父子夫婦，就是倫理之網，我們的自我，就在這個倫理之網中，唯有實實在在的還他以仁、以義、以別，就是完成自我，就是誠。這和我們前面所述的「誠者，自成也」的意思是完全相契的。

在這裡，佛家也許會自辯說：他們的一空到底，是空諸一切，如果猶有着相之心，自然是空得不徹底，並非「眞空」。可是什麼叫眞空？如果眞空是一切滅盡的話，那和木石無異，又何貴於眞空。如果說眞空是「妙有」的，它能顯現一切山河大地，那什麼又是妙有呢？妙有究竟是證入眞如本體後的再創造呢？或是「見山又是山，見水又是水」（註三〇）的還歸於世俗呢？如果是前者的話，那它的境界一定與現實生活完全不一樣，這不是一種高級的幻現（註三一），便是與人世脫節，仍然不免流於空寂；如果是後者的話，他回到了現世，縱然他的心靈經過了「見山不是山，見水不是水」的這一轉折，對現世的一切毫無執着，可是眼前的生活，離不了家庭倫常，和社會關係，如果他和這些毫不相關的話，那仍然是一種虛寂；如果這時他又回到家庭和社會的關係中，那他的作法，必定和陽明所說的相合。儒家在這方面所開出的捷徑不少，又何必去繞佛家那麼一條漫長的道路（註三二）。所以佛家思想，儘管在形而上方面非常精妙，但一觸及現實生活，總免不了流於空寂和支離。

至於中庸的這個「誠」字却不然，如果說佛家的「空」有掃蕩執着的作用的話，那麼中庸之誠的掃蕩作用，遠比這個「空」字更爲積極而有效。筆者在本文第六章中曾強調誠是精神的動力，一切德行的根本，因此由誠字去完成的自我不是空寂的，由誠字去建立的天人之道，不是割裂的。

最後讓我們用一個象徵的說法，來歸結本章的主旨。打一個譬喻。禪宗或佛家所追求的自性，或眞我，就同我們照鏡子時一樣，把臉擦得愈乾淨，才能看出自己的本來面目。而中庸的誠字由「自成」而「成物」，却對着這個本來面目，更要進一步的問：如何去充實這個我，如何去發展這個我和其他人物的關係。

註一　老子思想在戰國時已流行，並爲兵家、法家所運用，直到漢初，形成了黃老之術，這是老子思想在政治舞台上的單獨表演。到了魏晉時期，神仙之學盛行，除了以老子爲祖師外，也兼採莊子書中的神仙修鍊之說。同時清談家更高推老莊兩書，把老莊引入玄學的範圍，當然這些都只是老莊思想的一種流變，而並不是他們的本色。

註二　漢武帝雖然獨尊儒學，但他本人並非是儒家理想的君主，汲黯便說他：「內多欲而外施仁義。」在他手上所重用的，多半是酷吏，如張湯、杜周之流。眞正能用世的儒生，像董仲舒、卜式、嚴助、朱買臣、主父偃等，都被阿諛媚上的公孫弘、桑弘羊、張湯及其黨羽所排，所殺。由於這一壓抑，所以當時的儒家都走上空疏的訓詁之途，而不像先秦儒家那樣氣勢旁薄。

註三　現在的中庸是戴聖的禮記中的第三十一篇。但據漢哀帝時劉歆著的七略中所載：禮類有「記百三十一篇」，同時又有「中庸說二篇」。這裡所謂「記百三十一篇」，是包括了戴聖的禮記，而中庸說二篇卻已失佚了。

註四　據王應麟玉海所記制旨禮記中庸義係梁大同十年，張綰、朱异、架琛等所共撰，是一部官修的書。

註五　以上資料採自陳槃先生中庸今釋敍說一文。

註六　吳師德生博士曾根據這段話發揮說：

「慧能以爲自性像國王，這個心像國土和臣子，也就是說自性是心的本體，心是自性的作用。……心的力量是非常的大，由於心，我們才能實現自我，也由於心，我們也許會步入了地獄。沒有心的話，便沒有善和惡，捨和執，迷和悟，菩提和煩惱。慧能不僅談到淨心、善心、平心、眞心、道心，或菩提心，而且也談到不淨心、不善心、邪見心、煩惱心、或誑妄心。這並不是說心有多種。其實心只有一個，只是因爲它不是靜的整體，而是動的歷程，像水一樣，有時純淨，有時混濁，有時平穩，有時急湍。」（拙譯禪學的黃金時代第四章四十九頁）

註七　孟子盡心上：「盡其心者，知其性，知其性，則知天矣」。

註八　關於這點，筆者在拙著「禪與老莊」一書中曾說：

「在禪學裡有一句名言，就是「本來面目」。後代的禪宗往往把這「本來面目」直截解作眞我，譬如清朝有位湛愚老人在所著心燈錄中說：

「祖與惠明曰：『汝既爲法來，可屏息諸緣，勿生一念吾爲汝說』。要知諸緣不息，亦是我：然此乃生滅之我，非眞我也。令其勿生一念，則不生不滅之眞我顯矣。因其良久，遂直示之曰：『不思善，不思惡，於此無念之時，卽你不生不滅之眞我也』」。(湛愚老人心燈錄卷二)

在這裡，湛愚老人把六祖壇經中，「那個是明上座本來面目」，改爲「卽你不生不滅之眞我也」。顯然是爲了配合他在整部心燈錄中所強調的這個「我」，如他說：

「自無始以來，祇有一我，生天生地，生萬物，生佛生衆生，並無物能生此我者，故此我無所從來。既無所從來，則無所去。在古在今，鎭然一我而已，人能一悟此我，則入爲恒河沙佛中之一佛，豈不快哉」(湛愚老人心燈錄卷三)。

這樣一來，不免要走入了唯心論的路子。其實慧能當時的意思是問：「那個是你自家的本來面目」？這是一個問話，並沒有說無念之時，就是眞我；而是要惠明在離善捨惡之時，去參什麼是他自己的本來面目。」

註九　此語出自於馬祖道一，他說：

「道不用修，但莫汚染。但有生死心，造作趣向，皆是汚染。若欲直會其道，平常心是道。謂平常心無造作，無是非，無取捨，無斷常，無凡無聖，經云：『非凡夫行，非賢聖行，是菩薩行』。只如今行住坐臥，應機接物盡是道」。(景德傳燈錄卷二十八)

註一〇　南懷瑾教授「禪與道概論」：

「用『參話頭』、『照顧話頭』、『看話頭』的方法等來參禪，那便是修習止觀法門一樣，先以調身

(調整生理)、調息(調整呼吸)等有爲的修法做前趨，然後達到澄心靜慮，初步使心志專一不亂的境界，屬於止觀的觀行以前的止念範圍，依此次第，循序上進，便是禪定所屬四禪八定的歷程……由於制心一處，求得靜止專一的境界，再起觀照，審察心念的往來跡象，或者探究『話頭』的答案，這便是屬於觀行的範圍。」

註一一 六祖壇經頓漸品第八：

「師(慧能)曰：『汝(志誠)師(神秀)若爲示衆？』對曰：『常指誨大衆，住心觀淨，長坐不臥。』師曰：『住心觀淨，是病非禪。長坐拘身，於理何益。』」

註一二 景德傳燈錄記載洞山在曇晟門下不能證道，便離開曇晟，在渡水時，看到了自己的影子而悟道，寫下一首偈語：「切忌從他覓，迢迢與我踈。我今獨自往，處處得逢渠，渠今正是我，我今不是渠，應須恁麼會，方得契如如。」(景德傳燈錄卷十五)

註一三 指月錄卷十五記載：

「一夕侍立次，潭(龍潭崇信)曰：『更深何不下去。』師(臨濟)珍重便出，却回曰：『外面黑。』潭點紙燭度與師，師擬接，潭復吹滅，師於此大悟。」

註一四 五燈會元卷二十記載張九成在厠坑中聞蛙聲悟道，作偈說：

「春天月夜一聲蛙，撞破乾坤共一家，正恁麼時誰會得，嶺頭脚痛有元沙。」

註一五 指月錄卷十九記載慧稜悟道的故事說：

「二十年坐破七個蒲團，不明此事，一日，捲簾，忽然大悟，乃有頌曰：『也大差，也大差，捲起簾來見天下，有人問我是何宗，拈起拂子劈口打。」

註一六　如王通的中說裡所載：（參見韓逋仙著中國中古哲學史要）「或問佛。子曰：『聖人也。』曰：『其教如何？』曰：『西方之教也，中國則泥。軒車不可以適越，冠冕不可以之胡，古之道也。』」這是夷夏之爭。

又如韓愈在諫佛骨表中說：

「佛者夷狄之一法耳，自後漢流入中國，上古未嘗有也。」

「漢明帝時始有佛法，明帝在位才十八年耳，其後亂亡相繼，運祚不長。宋齊梁陳，北魏以下事佛漸謹，年代尤促……。」

這些都是從夷夏，及壽夭來闢佛。

註一七　中庸所謂「喜怒哀樂之未發謂之中，發而皆中節謂之和。」當然喜怒哀樂是指的情，但並不是惡。只是因發而不中節才變為惡。至於其所用的方法，乃是求其中節，這是使情得其正，而不是滅情。

註一八　熊十力先生讀經示要：

「南皮（即張之洞）說中學為體，西學為用，其意甚是，而立辭欠妥。蓋自其辭言之，則中學有體而無用，將何以解於中學亦自有經濟考據諸學耶。西學為有用而無體，將何以解於西人本其科學哲學文藝之宗教之見地與信念，亦自有其人生觀宇宙觀，理解所至，竭力赴之。」

其實，有此體才有此用，如果靜則流於禪的話，就很難動則為儒家之用。像後代宋明儒家雖然也講靜坐，但已非禪靜，這點本文另有說明。

註一九　指月錄卷十記載：

「洪洲黃檗希運禪師……遊天台，逢僧與之言笑如舊相識，熟視之，目光射人，乃偕行，屬澗水暴漲，捐笠植杖而上，其僧率師同渡，師曰：『兄要渡自渡』。彼卽褰衣躡波，若履平地，回顧曰：『渡來，渡來』。師曰：『咄，者自了漢，吾早知當斫汝脛。』，其僧歎曰：『眞大乘法器，我所不及』。」

註二〇　憨心大師年譜十七年巳丑，四十四歲：

「時老母聞予至，先遣人候問何日到家，予曰我爲朝廷事來，非爲家也，若老母能相見歡然如未別時，止可信宿。否則我不歸矣。老母聞之曰：再生相見，歡喜不了，那更有悲，一面卽可，況兩宿耶。……因問曰：別後想我否，曰安得不想。予曰母何以自遣，母曰：始而知，旣知爾在五台，因問師家，五台在何處，曰：在北斗之下，卽令郎住處也，我自此夜拜北斗，稱菩薩名，則不復想矣，如謂爾死，則不拜，亦絕想矣！」

讀了這段故事，總覺得釋子的出家，對父子是一個悲劇，無論他們的境界如何高明，對於人倫總欠交代。

註二一　對於這段話，牟宗三教授在「心體與性體」一書中曾讚歎說：

「性與天道皆只是一誠體。性與天道是形式地說，客觀地說，而誠則更是內容地說，主觀地說，中庸旣如此，則以中庸之「誠」，說易傳之乾象，可謂天衣無縫，自然合拍，此爲儒家形上智慧之同一思路也。『千載不傳之秘』，濂溪劈頭卽把握住矣。乾象，繫辭傳之語，用一誠字點撥，實義朗現，不煩多言也。『乾道變化』不過只是一誠體之流行，此爲儒者最根源之智慧，握住此義，則綱領定矣。焉有所謂由佛老而來者乎！」（心體與性體分論第一節三二四頁）

註二二　當筆者初讀熊十力先生新唯識論時，便有一個感覺，熊氏用「新」字加在唯識論之上，根據他自己的意思，是要援佛歸儒。因此他在該書中，一再的批評唯識論「爲識，或一切法，尋找根荄，於是建立種子」，而種子是物質性的，所以唯識論偏重於唯物。他針對這一缺點，提出他的新唯識論是以心爲主，但他論心時，也和唯識論一樣談轉變，談功能，也是把心當作客體來看，也不免有物化之失。這和濂溪、橫渠，見佛家形上之空虛，而以誠的氣化充實儒家形上思想，是同樣的毛病。筆者對唯識論，及熊十力先生的思想，尚未作深入研究，所以只在註解中抒發感想，是耶非耶，尚待以後的推敲。

註二三　牟宗三教授曾分析說：

「宋明儒之大宗實以論孟中庸易傳爲中心，只伊川、朱子以大學爲中心。分別言之，濂溪開始，只注意中庸易傳，對於論孟所知甚少，且無一語道及大學。胡五峯亦不論大學。象山純是孟子學，以孟子攝論語。就關涉於中庸易傳之理境言，則只是一心之申展，是亦兼攝中庸易傳也。然而亦很少論大學。偶有言及，亦只是假借大學之詞語以寄意耳。自朱子權威成立後，陽明亦着力於大學，着落于大學以展示其系統，實則仍是孟子學，假大學以寄意耳。」（心體與性體第一部第一章十九頁）

註二四　如論語中共有敬字二十一個（除孟敬子的敬字外），孟子中共有敬字四十個，只有在論語裡忠和敬連用了一次，其餘如篤敬，恭敬連成一詞外，都單獨一字使用。

註二五　中庸通上記載：

「誠字，宋李邦直始謂不欺之謂誠，徐仲車謂不息之謂誠，至程子則曰無妄之謂誠。至朱子又加以眞實二字，誠之說盡矣」！

註二六　坐禪本是佛家的共法，雖然慧能在壇經中曾說：

「道由心悟，豈在坐也」。

「惟論見性，不論禪定解脫。」

但並不完全反對坐禪，如他又說：

「此門坐禪，元不着心」。

「何名坐禪，此法門中，無障無礙，外於一切善惡境界，心念不起，名爲坐，內見自性不動，名爲禪」。

可見他只是認爲坐禪不是成佛的方法，但並不完全拋棄坐禪，就同讀經不能成佛，但也不能不讀經。

註二七　通書聖學第二十：

「聖可學乎？曰：可。曰：有要乎？曰：有。請問焉，曰：一爲要，一者，無欲也，無欲則靜虛動直，靜虛則明，明則通。動直則公，公則溥，明通公溥，庶矣乎。」

又論孟子：「養心莫善於寡欲」，而說：

「予謂養心不止於寡焉而存爾，蓋寡焉以至於無，無則誠立明通，誠立，賢也，明通，聖也」。

由此可見濂溪所謂主靜，無欲，和誠意的關係了。

註二八 吳草廬說：

「夫修己以敬，吾聖門之教也，然自孟子之後失其傳，至程子乃復得之，遂以敬之一字，爲聖傳心印，程子初年受學於周子，周子之學主靜，而程子易之以敬，蓋敬則能主靜矣」！

註二九 佛學小辭典：

「識，心之異名，爲了別之義，對心境而了別曰識。」

註三〇 指月錄卷二十八記載青原惟信禪師所說：

「老僧三十年前未參禪時，見山是山，見水是水。及至後來親見知識，有個入處，見山不是山，見水不是水。而今得個休歇處，依前見山祇是山，見水祇是水。」

註三一 佛家認爲我們一般用前六識（眼耳鼻舌身意）所知的一切現象都是一種幻現。但達到了最高境，如果所知的和現實生活又完全不一樣，筆者以爲這也是一種幻現，只是比前六識所知的較爲高級而已。

註三二 不用說佛家其他各宗講那麼多的戒律，有那麼的儀式，成佛不易。但卽使一念成佛的禪宗，固然方法簡便，但在他一念頓悟之前，卻必須經過無數的鍛鍊和苦思。所以這條成佛之途仍然是漫長的。

第九章　誠對當前西方思想將有的新貢獻

前面我們已簡略的看過中庸誠字，在中國思想上的意義和作用。但今天我們正面臨着一個新的世界，而中國的思想又必須到世界的舞臺上去扮演它的角色，所以接着要看看這個誠字對當前西方思想，將會有的新貢獻。

現在我們先看看這是一個什麼樣的時代

㈠哲人的呼聲——這是一個危機的時代

二十世紀是一個潛伏着重重危機的時代

我們都在饑渴着光明、恐懼着黑暗，可是深陷於重重的危機中，我們究竟何以自拔呢？我們都有點迷惘，都有點惶恐。

最先感覺迷惘的是中國人。

從十九世紀中葉以來，西方的帝國主義帶着侵略的藍圖，挾着船堅炮利，敲開了我們閉關自守的大門，敲醒了我們因襲固陋的迷夢，同時也敲碎了我們對傳統文化的信心。這一切發展得如此的突然，如此的迅速，使我們有點措手不及。怎麼辦？要如何應付這個空前未有的局面？我們實在沒有充足的時間去考慮，除了有些人猶帶着惺忪的睡眼，作本能的反抗和拒絕外，大部份的人士都在計劃着如何去變通中國文化，以迎接西方文化。

在當時，無論是主張全盤西化的胡適之，（註一）陳序經（註二），或採取折衷調和的梁漱溟（註三），王新命等（註四），儘管他們為了這個問題辯論得舌敝唇焦，但現在看起來却都已變為過眼的雲烟。因為那時候，他們只看到美麗如錦的西方文化，只為了相形見絀的中國文化而焦慮，而悲歎。那料在匆匆五十年後的今天，美麗的西方，也像害了傳染病似的，響起了一片呼喊之聲，他們也和我們民國初年的學者一樣，在那裏焦慮，在那裏爭論，他們深恐着西方文明的衰落，他們警悸於世界文化的危機。

現在讓我們先看看他們的惶恐。

美國學者寇琪（Adrienne Kcch）編了一本「危機時代的哲學」（The Philosophy for a Time of Crisis）。該書搜集了十五位著名學者，對這一危機時代的看法，這十五位學者中，包括了歷史家，如湯恩比（Toynbee）；科學家：如愛因斯坦（Einstein）；文學家：如錫隆（Silone）、佛爾士特（Forster）；經濟學家：如克拉克（J. M. Clark）；心理學家：如弗洛姆（Fromm）：

宗教家：如馬利丹（Maritain）、蒲伯（Buber）、尼布爾（Niebuhr）、拉達斯南（Radhakrishnan）；哲學家：如沙特（Sartre）、鮑潑（Popper）、羅素（Russel）、胡克（Hook）、耶士培（Jaspers）等，無論他們是站在那一角度，或我們對他們的作風有什麼不讚同的地方。但他們都一致的感覺到西方文化已面臨着一個極大的危機，而且是一直走向這個危機。

最具有代表性的是原籍俄國，後來被放逐在美國任教的社會學家素羅金（P. A. Sorokin），在他的名著「這一代的危機」（The Crisis of Our Age）一書中，曾就藝術、宗教、哲學、倫理、科學、法律各方面，指出西方文化的危機已到奄奄一息的時候，他在該書第一章中便說：「幾年前，在我的一些書中，尤其是『社會和文化的動力學』一書中，曾詳細說明：『西方社會的生活，組織，和文化的每個重要方面，都面臨着極大的危機。……無論是身或心，沒有一處不是病痛，沒有一根神經不是錯亂的。……我們好像介於兩個截然不同的時代之間。一個是曾使過去非常輝煌的感性文明，一個是猶待創造的精神文明，我們是處於六百年來感性文明的世紀末，夕陽猶反映着過去的光榮，可惜只是已近黃昏了。我們只看到它慢慢拖長的影子，漸漸的迷糊了，消失了。展現在我們面前的，是朦朧的黑夜，驚人的夢魘，幢幢的鬼影，但過此以後，精神文明的曙光，却在迎接着我們。』我不同意時下的一般看法，在該書中特別指出戰爭和革命在廿世紀非但不會減少，而且發展到高潮，比以前更危險，更可怕。民主政體軟弱無力，代之而起的，是各種新式的專制。西方文化創造的活力是逐漸凋謝

了，乾枯了。」（原著第一章）

素氏這話並非危言聳聽，他的呼聲正是西方有識人士共同的心聲。今天在西方社會上持這種見解的人太多了（註五），他們的心情比起我們民國初年的許多學者來，眞是惶恐多了。因爲當時我們的問題只是如何吸收西方文化以圖強，而今日的問題却不是一國一族的興衰，而是整個世界文化的存亡。當然這問題是非常嚴重，也非常複雜的。尤其不可否認的，今天直接操縱人類命運的是西方國家。我們中國，甚至東方的國家，到了現在仍然是努力於迎頭趕上去。西方國家既然挑起了這根人類命運的大樑，如果他們本身的問題，又是如此的錯綜複雜；他們自己的文化，又是如此的岌岌可危，而要我們跟着他們走，眞有如「盲人騎瞎馬，夜半臨深池」，怎不令人憂慮，令人惶恐呢！

(二)當前西方文化的病痛何在：

西方學者的這些呼籲，的確是非常沉重的，但只是發出一些危險的信號，非但不能解決問題，反而使得人心更加惶恐，所以根本之計，乃是冷靜的去分析造成這些危機的病因所在，以俾對症下藥。

關於當代西方文化的病痛，誠如素羅金所謂「沒有一處不是病痛」，但限於本文的篇幅及內容，無法從政治、經濟各方面去探討。現在僅就影響文化最大，關係人心最切的哲學、宗教、科學，三方面去看看他們的症候：

1. 哲學上的空疏

西方的哲學在古代，曾擁有一個廣大的王國，它幾乎是無所不包的，可是到了近代，各種學科從哲學中分支而出，附庸蔚爲大國，如自然科學、心理學等，因此使得近代西方的哲學患了極端嚴重的貧血症。史懷哲博士（Schweitzer）曾有一段精彩而令人傷感的描寫：

「一度，哲學曾是一個主動的工作者，產生對文明普遍的堅信。現在，經過了十九世紀中葉的崩潰之後，這同一個哲學，變成一個僅僅的抽紅利者，把它的活動集中在它曾計劃去解救的世界的老遠老遠之外。它變成了一個僅僅的科學，篩下歷史科學和自然科學的結果，從它們搜集資料，造成一個未來的宇宙論，帶着這樣一個目的，在各支知識學問中，作一個學習的行動。哲學變得實際地只意謂哲學的歷史，但創生的精神已離它而去了。它日是一日的變爲一個不具眞正思想的哲學。它確反省各個別科學所成就的成果，但它失去了關于一些根本問題的思考的能力。」（文明的衰敗與復興。劉述先譯）

史氏這段話已寫出了西方哲學的沒落。近代西方最流行，也最有力量的，不外於邏輯實徵論，和存在主義（不過現在他們也已走向下坡）。前者附庸於科學，最多只是使哲學科學化而已。尤其它對形而上和倫理學所作的無情批評和鄙夷的態度，我們實在看不出它對這一時代的文化有什麼特殊的貢獻。（註六）至於後者雖然不滿現狀，希望開闢新天地，可惜他們最多只能把握一個「情意我」而已（註七），他們只見情而不見理，用佛家的術語來說，就是只見法我，而不見眞如；用儒家的術語來說，就是只見人心，而不見道心。當然他們根本談不到「爲天地立心，爲生民立命」，以解決整個人類的問題了。

由此可見今天西方哲學正陷入「前不見古人，後不見來者」的境地，正像一個落魄的浪子，既不願意回到以前曾厭離的家，去重溫舊夢；又無足夠的能力，以應付眼前的一切遭遇，只有在歧途上徘徊，飲泣。

2. 宗教上的老邁：

宗教（按指耶教），可以說是整個古代西方文化的靈魂，他們生活上的一切規範和信念，都來自宗教。在中國，我們從幼便課以內聖外王之道，希聖希賢之志。可是他們却受宗教的洗禮，由上帝的愛去變化氣質，所以不論他們的思想如何，在精神遭遇到痛苦和煩惱時，總是從宗教上去尋求安慰和寄託。

可是到了近代，他們的痛苦和煩惱，却很少再從宗教中去求安慰和寄託。這是因爲現代科學的發展，已成爲流行的大衆信仰，人們對科學的醉心和迷信，也已直接動搖了宗教的威權。同時，現代的問題不像古代那樣的單純，現代人所遭遇的痛苦和煩惱，也遠比古代爲複雜；而今天的宗教，仍然沿襲着古代的傳統，並未能提出一套直扣人心的新方法，自然難以滿足現代人的需要。試看西方年輕的一代寧願乞助於痲醉劑，而不願到教堂去懺悔，就可以看出今天宗教在西方人心目中的地位了。

以上只是就宗教在現代所遭遇的困難來看，事實上，傳統宗教本身有一個極大的矛盾，而這個矛盾不僅使它本身自食苦果，同時更間接的導致了近代西方文化的危機。這個矛盾就是愛和恨的無法調和。西方宗教的基本口號固然是「愛」字，可是後代許多教士，爲了宣揚「愛」，用之過度，却變成了「恨」。譬如他們爲了維護自己的上帝，自己的教派，而批評別人的神爲魔鬼，別人的教爲邪道。這種人我的分別用之過度，不僅使得傳統的宗教支離滅裂，而且在歷史上造成了許多血腥的宗教戰爭，這是宗教本身的不易收拾。同時，在文化上更養成了西方人好鬪的心理，溫和一點的，像尼采等人向上帝挑戰，宣佈上帝的死亡；偏激一點的，像馬克斯之流，看不見上帝，便去找魔鬼，得不到愛，便出之於恨，這是宗教反作用的無法收拾。

今天西方的宗教，就像一位老態龍鍾的祖母，眼看被寵壞的兒孫離她而去，爲非作歹，軟弱無力的她，也只有在門前張望，淺呼低喚而已。

3.科學上的驕橫：

科學，這二十世紀的寵兒，自他從傳統的文化中脫穎而出後，便超越了空疏的哲學，遺棄了老邁的宗教，而成爲這一代的新偶像。

不容否認的，二十世紀的文明是由科學一手所造成的。例如醫藥的研究，減少了死亡率；工業品的發明，提高了生活水準；交通工具的改良，促進了文物的交流。科學在這方面的貢獻，眞是可圈可點。

那麼依照這樣發展下去，人類的前途豈不是很樂觀嗎？事實却不然，科學像一株有刺的玫瑰，固然爲我們建造了二十世紀的文明，但也給我們帶來了二十世紀特有的恐怖。二十世紀所恐怖的對象，就是那個爲我們締造物質文明的科學。因爲今天我們對科學發展的了解仍然有限，雖然我們能製造許多科學的工具，但却沒有相應的能力去控制它。正如納貝爾（Alfred Nobel）發明了強烈的炸藥，看到人們把它用之於自相殘殺的戰爭時，感到非常難過，爲了補償內心的歉疚，便設置納貝爾獎金，以鼓勵人們從事和平工作。然而納貝爾的歉疚縱然可以得到世人的諒解，但今天科學家所發明的武器，其殺傷力却遠超過納貝爾的炸藥，而在和平工作方面的努力，却毫無成績可言，愛因斯坦曾爲此事而非常感慨的說：

「我們曾將這等武器交付予美國人和英國人之手，以他們爲全人類命運的信託者，把他們看作和平與自由的鬪士，然而，不幸直到現在，我們看不出和平的任何保障，我們看不出大西洋憲章對於各民族所承諾的自由之任何保障。戰爭的勝利是贏得了，但是和平並未獲致。強國在戰爭上團結一體，而在和平的處理上却分崩離析各行其是。世人也曾得到免於恐懼之自由的諾言，但事實上自戰爭結束以來，恐懼却是有增無減。世人也曾得到免於匱乏之自由的諾言，但是世界大部地區都是面臨饑饉，而另一些地區則富足有餘……。」（中譯危機時代的哲學三二頁）

愛氏的話眞是一字一淚，淒切千古。今天身爲科學工作者，尤其是物理學家，幾乎都陷入了極度痛苦的矛盾中，他們由於本身的職責和興趣，不能不研究，可是看到自己所發明的成果，被用在屠殺人類時，又不期然而有罪孽之感。

不過這還是指看得見的戰爭方面，其實今天科學產品的爲害人類還不只是武器一途，甚至許多本爲了福利人生的化學物品，其副作用也給我們帶來了許多無形的災害。不僅如此，今天工廠林立，其煤烟的汚濁天空，其排洩物的毒染地下水，以及放射性元素的侵入食物，這些都是對人身直接有害的影響。還有生物科學家的研究基因，製造人類，及移殖電腦，代替人腦，這對未來人類的精神，道德，甚至種族的綿延，究竟有何影響，還在未知之數。

當然，站在科學的立場，也許認爲這些副作用只是一時的現象，只是科學研究尚未成熟時所產生的隙漏。但人類是否能完全控制科學呢？是否不會再蹈納貝爾的覆轍呢？或者像德國瓜廸尼神父（Guardini）所說：廿世紀的人類是跨在科學技術的猛虎背上，無法下來；或者像洪荒時期的大恐龍，長得大太了，結果反而斷送了自己？對於這些，任何人都無法逆料，也正是今天我們對於科學的發展產生恐怖的原因。

以上是就關係人心最大的三個方面來看，記得西方有一個笑話，是說有一對夫婦，某晨在樓下用餐，突然聽到樓上的孩子在哭喊，便趕緊上樓去問原因，那孩子回答說：「當我醒來的時候，跑進爸爸的房間，看不見爸爸，跑進媽媽的房間，又看不見媽媽，最後跑回到自己的房間，發現連我自己也不知跑到那兒去了，我怕起來，便哭了。」

這個笑話在嚴肅的一面，正代表了西方人的遭遇。哲學正像他們的爸爸，宗教正像他們的媽媽。由於他們在哲學的世界裏得不到鼓勵，在宗教的殿堂內找不到安慰，而在自己的心田中，又爲機械所窒息，物慾所汚染，因此一受戰爭的威脅，便把握不住，理性和意志脫節，也就失去了自己。

現在我們再回過頭去，檢討西方哲學、宗教、科學之所以收拾不住人心，主要的原因只有一個，就是缺乏人性的根據。

由於哲學上不能把握人性，所以只隨着知識而變，以致衆叛親離，變成了一具沒有血肉的空架。

由於宗教上不能深入人性，所以才過份重神抑人，由愛生恨，而被科學動搖了它的根基。

由於科學上不重視人性的尊嚴，所以才養虎爲患，自食苦果。

總之，由於這三方面都沒有深入於人性，因此人心便唯利是圖，唯慾是趨，西方思想當前的困境與前途的可慮，即在於此。

方東美博士在「科學哲學與人生」一書中，借「阿麗斯幻境探奇記」的故事說：

「自視爲天之驕子的歐洲人，亦不過是可憐的阿麗斯而已。我們現在且預放這一句空言，說明近代歐洲思想所經歷的三層轉折。一、近代歐洲民族從中世紀宗教的，階級的社會裏解放出來，眼見外面有一個渺無涯際的宇宙，於是很驕傲地拿了一只金鑰—物質科學—要把宇宙眞理的秘寶都顯示出來，結果，科學的成就誠是金碧輝煌，然而人生在宇宙的地位卻降低了，科學的甘露吃下去，而人生曼妙的倩影反縮小了。二、他們自覺宇宙理境之擴大，人生情趣之低微，殊無以自慰，於是有些人再拿了一塊試金石—精神主義的哲學—把人生點化了，使成一尊龐然大物的活佛，運用空靈的理智，設些妙計，將鏗鏘的物質都化爲子虛烏有了。世界是精神體，它的運行不僅遵守機械的原則，所謂自然律乃是人類心智的指令。這種驕縱的態度只肯定精神的生命而否定物質的世界，其末流遂助長宗教的虛無主義之氣燄，把人類入世的熱腸又燒斷了。三、最近性質的物理學與相對論修正上述兩種獨斷的趨勢，一方面刻繪新宇宙，他方面認識新人生，其結果雖尚不能預測，然而宇宙理境與人生情趣將發生重大之變化，自是意計中事啊！」（科學哲學與人生一二三頁）

就這段分析來看，第一層轉折的偏於物質科學，固然使人渺小了；而第二層轉折的誇大精神主義，也同樣燒斷了人類入世的熱腸。所以究其根本，都是沒有把握住人性。至於第三層轉折，雖然現在尚沒有定形，但以目前西方思想來看，也看不出有什麼驚人的表現。以筆者的觀點，值得我們注意的，倒是將來還有第四層的轉折，那就是東方思想進入了西方文化的園地後，所開出來的花朵。

這一轉折，現在正逐漸在推移，而且已有很好的徵兆，譬如日本鈴木大拙博士在西方傳禪，幾乎形成了一個禪的高潮，不僅是深愛東方文化的哲學家研究禪，甚至連最負盛望的天主教神學家也推崇禪，如湯姆士默燈（Merton）、愛倫維特（Watts）等。然而禪在東方思想中也只是一個流派，尤其在中國文化裏，還不是主流，它之所以受西方人士的熱愛，乃是因爲它那種掃蕩的作用，可以沖淡西方人心對於物慾的沉迷；尤其它那帶有人性的玄秘感，對於厭倦了哲學和宗教的西方人士，更具有一種新的吸引力。不過禪並不能代表東方文化的全貌，更不能代表中國思想的精粹。它和西方文化的接觸，還只是東西文化融會的一個嘗試，還只是這第四層轉折的一個開始。最後必須等到儒家思想能在西方社會中生根，這才是東西文化眞正的結合，這才是第四層轉折的完成，這才能對宇宙的理境與人生的情趣，有新的啓示。因爲禪只是消極的化除人慾，只是治病的瀉藥。但今天西方文化的問題盤根錯節，除了哲學、宗教、科學之外，還有許多現實的政治、經濟、種族、戰爭等問題，而這些問題，必須具有內聖外王工夫的儒家思想才能得到澈底的解決。所以針對西方文化的病痛，能解西方人心之倒懸的，只有寄託於儒家思想的西傳了。

㈢誠字將有的新貢獻

儒家思想的方面很廣，究竟如何西傳？不是本文所能一一討論的。但依據筆者在前面幾章中對誠字的分析，以及配合了當前西方人心的需要。筆者在這裏也預放一句空言，說明本着中庸誠字的意義和作用，將會對今後西方思想有如何的新貢獻。

1.使形而上道德化：

史懷哲博士曾說：

「我渴望能夠流行的一個觀點是：文明和我們的宇宙論的關連性。現代幾乎沒有人關心這一個關連，事實上在我們生活的這個時代，根本就忽視了有一個宇宙論的重要性。不論是受過教育或者沒有受過教育的現代人，都堅信人性能夠完全不須要任何宇宙論，而自足地向前進步。而眞正的事實是，一切人文的進步都得依靠它的宇宙論的進步，而反過來，頹廢的情形正爲宇宙論上一種相似的頹廢情形所決定，我們失去了眞正的文明，正由於我們缺少一個宇宙論。」（文明的衰敗和復興序。劉述先譯）

史氏這話也許會令人懷疑，因爲西方的文化，自希臘哲學一開始便有宇宙論，如泰里斯（Thales）認爲宇宙的根本元素是水，安那克司曼德（Anaximander）認爲是無限的某物，安那克司曼尼斯（Anaximenes）認爲是氣，赫拉克里特斯（Heracleitus）認爲是火，這是最素樸的宇宙論。接着，柏拉圖的理型世界，亞里士多德的「不動之動」的上帝，以及中世紀的神學。近代的哲學，雖然各有所主，但也都有他們自己的宇宙論，可是爲什麼史懷哲博士卻說：「我們缺少一個宇宙論」呢？

如果我們仔細推敲史氏那段話，可以看出他的言外之意乃是指今天西方文化中沒有一個健全的，活潑的，與人性息息相關的宇宙論，也就是說沒有一個可以指導他們如何去正確的想，如何去正當的行的宇宙論。說穿了，史氏所謂的宇宙論，拿中國哲學的術語來說，就是天道，或天理。所以史氏的眞正意思是認爲西方過去和現代的宇宙論都是形同虛設的，和人生脫節的。今天所需要的，乃是具有道德精神，和人生息息相關的宇宙論，試看史氏另一段更精彩的話：

「惟有當文明奠基在一個眞正道德的心靈傾向上，使文明的繼續存在和發展得到保障的時候，創造的，藝術的，理智的，和物質的學識，才能夠顯示出它們的完全和眞正的成果。只有努力去變得道德，人才能獲致眞正的價值，當作一個人格特性，只有在道德堅信的影響下，人類社會的種種關係，才能在各個人和民族都能在一個理想狀態下發展的方式下形成。如果缺乏了道德基礎，卽使這時，在其他方向具有最強有力的性格的一些創造的，和理智的力量還正在工作着，文明也衰敗了。」（文明的衰敗和復興序。劉述先譯）

把史氏的兩段話對照來看，很顯然的，他所謂的宇宙論是和道德心靈息息相通的。借用中國哲學的術語，就是「天人合一」。不過像這種意義的宇宙論，不僅是今天的西方，就是古代的西方，也很難找得到。因爲他們的宇宙論不是偏於物格化（註八），便是偏於神格化（註九）。很少是以人性道德去立論的，至於最講究「天人合一」的中國哲學裏面，像禪宗和道家，猶不免有割裂的痕跡。所以按筆者的看法，史氏這種道德化宇宙論的夢想，也許只有透過中庸的誠字去體認儒家的天道和天理，才能實現。

關於這個誠字，在本文第四章，論天人合一之道上，已說得很清楚。筆者在這裏提出誠字來，並不是說西方人把我們的這個誠字沒頭沒腦的搬過去，就可以替他們構成一套新的宇宙論。

而是要他們了解中庸作者由這個誠字去看天道，認為宇宙的一切變化都是眞實不妄的。這「宇宙的一切變化」，是物理的現象，西方宇宙論所研究的範圍都在於此，而「眞實不妄」是價值的意義，由這價值的意義反映人生，就是道德的意義。這正是中庸作者把形而上道德化的一大手法。如果西方的哲學家能體認到誠字的這一作用，相信他們所看到的宇宙不再是物質的，概念的，而是「與自家意思一般。」（註一〇）的有情趣的宇宙。這樣一來，愈「上窮碧落下黃泉」的探求宇宙，也就愈能啓發自心的情趣，決不致於使「人生曼妙的倩影反縮小了。」

尤其在形而上道德化之後，不僅我們的宇宙論是有生意的，而且我們所講的道德也有人性上很深的基礎。拿西方的道德觀念來說，很少能深入於人性。他們所講的道德大約有三個來源，一是來自於本能，如勇敢等，二是來自於政治，如自由、正義等，三是來自於宗教，如博愛、犧牲等。他們所謂的勇敢，由於是本能的，因此易流於鬪狠（註一一），他們所謂的自由，多偏於政治，易流為形式，譬如四大自由之一的居住自由，這只是一項條文，其實在今天這個金錢萬能的世界，窮人便不如富人獲有更多實際上的居住自由。同時，除了這些外在的自由之外，還有更重要的內心自由，所謂「退一步天地寬」，在這一方面西方人是不太注意的（註一二）。至於宗教上講的博愛，照理說應該是植根於人性的，可惜後代的許多傳教士，只知「導演上帝」，而不能「讓上帝自演」（註一三），因此完全以自己的觀念意識去銓釋上帝的愛，自然會偏而不和。這和墨子的唱「兼愛」，却始終離不了「交相利」一樣，都是犯了同一個毛病，就是不能把愛深植於人性。這和儒家談愛人，始終本於孝悌的人倫之德比起來，實是迥然不同的了(註一四)。

所以按照筆者的看法，西方人如果要針砭他們在天人方面割裂之病的話，最好是透過中庸的誠，去體認儒家「天人合一」思想的眞意。也就是說唯有使西方的形而上道德化，才能使他們的宇宙論可以籠罩人生；才能使他們的道德，有人性上很深的理境。

2.把知識化爲睿智

在西方哲學初創時，蘇格拉底便提出「知識卽德行」的理論，後來亞里士多德曾批評這理論，認爲蘇氏忽略了人類靈魂有非理性的部份，因此知善，未必就能行善。其實亞里士多德所批評的，是屬於一般經驗上的知識，而蘇格拉底所主張的，却是植根於人性深處的「睿智」(註一五)。

自亞里士多德以後，西方學術界對知識的看法，似乎都是順着亞氏的路線。因此知識和人性隔了一層，在人性能夠控制知識時，固然可以爲善；而在人性無法控制知識時，知識可能會反過來，宰割了人性。所以演變至近代，形成了一種恐懼知識的心理，正如羅素所描寫的：

「憎惡知識，爲現代世界之一大危機，因爲技術上的每一步進展，皆使知識的需要，更形迫切……。工業技術的進步有賴發明家；戰爭的進步，則拜原子物理學家之賜，他們之中沒有一人能獲當代具『丈夫氣概之士』的尊敬。在國際事務中的智慧需要地理學的知識，對各國風俗的認識，以及從一個不是你自身的觀點看世界的能力，所有這些都是只憑知識才能獲得的。我們偉大的民主制度，仍然有種偏見，認爲笨伯似乎比智者更爲老實；而我們的政客却

利用此種偏見，故意裝得比他們天生的還要愚笨。」（中譯危機時代的哲學二六二頁）

這種對知識懷疑的態度，我們古代的老子早就表示過，但老子雖然倡「棄知」，却提出一個「大智」來，以消解的方式，使人們不爲小知所惑。當然老子的方法猶不免有割裂之嫌，這點在本文第七章中曾討論過。至於近代西方人對知識的態度完全是一種恐懼的心理，並無消解的方法，只得任它去發展，而愈發展，愈無法控制，也就愈恐懼。其實，知識是由人所開發的，並不值得恐懼。問題是我們如何去提昇它，而不是控制它。像今天西方人一面製造科學武器，一面又怕科學武器殺害了自己，因此提出許多禁止使用的控制方法，這正同形與影競走，有點可笑。

至於要如何去提昇這種知識，以筆者的看法，中庸作者早已爲我們提出一個最切實的方法，就是「誠」字。他在中庸第二十章，論「誠之者，人之道」時，便在「博學之、審問之」後面，輔以「愼思之、明辨之、篤行之」，前兩者是屬於求知識的方法，後三者是屬於使知識正確，使知識爲善的方法。所以本文在第五章中，曾一再強調中庸的誠字，是把外在的知識化爲人性的睿智。而唯有立基於人性之上的知，它才能眞正福利人生而無流弊。在我國古代凡是一位師傅傳授知能給學徒時，都要在神前發誓：決不用這種知能去爲非作歹，否則神明有知，必遭天譴。雖然這只是一種儀式，但却表示出我們古人對傳授知識的愼重，以及學習知識的一點精誠之意。這也只是我們用「誠」去提昇「知」的一個例子罷了。

今天西方人對於知識的態度，便缺乏這點道義感，精誠心。有智慧的大科學家像愛因斯坦便注意到這點，而說：

「促使凱卜勒（Kepler）和牛頓花費許多年月孤獨的努力以圖解開天體力學之謎的，該是一種深刻的對於宇宙之理性能力（Rationality of The Universe）的信心，和一種何等強烈的對於知解的渴望！雖然那不過祇是呈現於世界的心靈微弱的反照。這些人處身於懷疑的世間，向具有與他們同樣心靈之人，散見於大地和世紀之間者，指示其途徑，而其心胸（Mentality）却是爲那些徒知自實用結果以觀科學研究工作的人輕易造成的一種完全虛謬的觀念所曲解。祇有曾貢獻其生命於同樣目標的人，對於何者足以鼓舞這些人，給他們以力量以便在數不清的失敗之前仍能忠於其目的的問題，方才能夠有清楚的認識。這乃是宇宙宗教感，它乃能賦與人以此等強力。有一位同業者說得好，在我們這個專重於物質器用的時代，惟有嚴肅的科學工作者才是深刻的宗教信徒。」（中譯危機時代的哲學四四頁）

這段話所談的，不是粗淺的知識，而完全是一種天道化，人性化的睿智。愛因斯坦有沒有讀過中庸，我們雖然不得而知，但他這段話，却完全和中庸的思想暗合。所謂「宇宙的理性能力」，「忠於其目的」，「宇宙宗教感」，這和「天之道」，及「人之道」的誠字，都有相同的理境。

由此可見近代西方對知識的恐懼，對科學的畏怯，乃是由於他們未能化知識爲睿智。尤其那些從事實用科學的研究者，或利用科學製品者，缺少了一個對天，對人，對己的誠字。以筆者的看法，今天從事科學方面的工作者，如果每一個人，在開始時，便像中國古代習藝者一樣，能夠向天起誓。(他能向天，表示他有宇宙宗教感，能體認天道，他在開始時就起誓，表示他動機就爲了福利人生) 相信科學的發展，一定會給人類帶來眞正的幸福與和平。

3. 由自成而成物

前面我們曾提到方東美博士所說近代歐洲思想的第二層轉折，乃是人們爲了不滿物質科學的過份強大，而提出精神主義以圖自壯。照理說，這樣一來，應該是非常富有人性了，可是爲什麼結果却「把人類入世的熱腸又燒斷了」呢?

以筆者的看法，西方思想所強調的「人」，往往都偏於個體的存在。他們所謂人的完成，多半是指這種自我存在的獲得。這從好的方面來看，固然可以養成個人的獨立性(註一六)，但對於這個獨立性過份誇大，流弊所至，却往往變爲自私的個人主義，卑視一切的虛無主義，和紙迷金醉的頹廢主義，反而失去了自己。這種情形，在中國古代也有，譬如道家和禪宗對人的看法，也有點偏於個體的存在。境界高的，固然可以超然獨立，成爲逍遙的眞人，至人，如老子，莊子，慧能，馬祖等人，而把握不住的，就易流爲魏晉放浪的名士，宋末瘋癲的狂禪。

今天在西方漫延的，就是這種以自我爲中心思想的流弊，存在主義走入歧途在此，禪宗思想在西方的被誤用也在此。

當然天下皆醉，也有獨醒的人士。他們也都針對這種現象，而提出解救之道，如愛因斯坦曾說：

「由於不易覺察其自我主義所成之囚卒，人感到孤獨不安，乃至其本眞、單純、無可辯駁的生命情趣之失落。人若要尋取生命的意義，卽或短暫而危機重重，祇有經由獻身於社會才可得到。」（中譯危機時代的哲學三五頁）

英國文學家佛爾士特（Forster）也說：

「從人倫關係（Personal Relationships）而起，這，總算得是充滿着暴戾兇殘的世界中一個比較上堅實牢靠的起點。並非絕對的堅牢，蓋心理學業已碎裂了『人』的觀念，且指出我們每一個人內在深處均有不可計量的某物潛隱暗藏，可於任何時刻昇到表面上來，破壞我們正常的均衡狀態。我們不知道我們是什麼樣子，我們不能知道旁人是什麼樣子，那麼，我們怎能夠對人倫關係而有任何信賴？怎能在山雨欲來的政治風暴中仰依於這種關係呢？從理論上看是不能的。但是在實際上我們不但能夠而且就是這樣做的。固然甲總歸是甲而乙是乙，但兩人畢竟還可以有友愛，有忠誠存乎其間。……雖然我的信條人倫關係聽起來是這般文雅優美，其中也是難免有可怕而令人難受之事的，對於個人的熱愛與忠誠往往可能有悖於國家的要求。」（中譯危機時代的哲學七六頁）

這兩位學者能夠力闢自我主義，而要獻身於社會，而要立基於人倫，這在西方人的見解中，的確是頗爲難得的了。不過後者所謂的人倫關係，實際上，乃是社會關係。並非我國以孝悌爲本的倫理。而在他們的思想中有一個根本上的困難，就是西方傳統的觀念，總是把個人和社會分成了兩截。這兩者之間的利益，縱然有時可以相輔，但並不能完全的一貫。拿愛氏的說法來看，必須要「獻身」於社會，才能尋取生命的意義。這「獻身」兩字，多少含有犧牲個人某部分利益的意念，這在個人主義濃厚，精於計較的人看來，當然是不划算的事。就同我國的墨子固然能「形勞天下」，但「墨子雖能獨任，奈天下何」（莊子天下篇），所以如果不能把個人和社會的利益調和得完全一致的話，愛氏的說法，最多也只能達到墨子的境地而已。再拿佛爾士特的那段話來說，其用意固然很好，但他一邊認爲人倫關係可靠，一邊又覺得隨時可能爲私心所動搖；一邊認爲人與人之間，必有忠誠和友愛，一邊又感覺這種忠誠和友愛，可能會有悖於國家的要求。他之所以有這種矛盾的心理，就是由於他不自覺的犯了把個人和社會割裂的毛病。

如果我們拿儒家的思想比較來看，就不會有以上的缺點，因爲儒家不是把人孤立起來，成爲一個獨立的存在，而是把人放在倫理的網中。這個倫理的網，即是中庸上所謂的：

「君臣也，父子也，夫婦也，昆弟也，朋友之交也，五者，天下之達道也。」

我們人，是同時與這五者發生關係（當然關係還很多，只是以這五者爲代表而已）。因此必須同時完成這五者的責任，才是人的完成，才是自我的實現。在本文第六章中，我們曾舉孝爲例，說明這個孝本是屬於私情，但這點私情也是天下人所共有的，因此你盡自己的孝，非但不會妨礙別人，而且「孝子不匱，永賜爾類」。還能移風易俗；同時，你推孝於人，非但不會犧牲了自己的孝，而且「大孝尊親」，更能光大自己的孝。這就是中國倫理思想的融個人和社會於一體，實現自我，就能完成大我，決不致於像西方一樣有割裂的毛病。

今天西方這種自我主義的思想，在哲學上，最具有代表性的，自然要推存在主義。雖然這一學派還在演變，前途究竟如何，未可斷言；但就它目前的情況，以及承自西方傳統對「人」的觀點來看，我們可以預卜它的發展並不太樂觀，最多只能達到和禪與老莊相似的境地罷了。對現代西方人心的危機，非但不能挽狂瀾於既倒，而且其流弊，可能還會加速了西方文化的崩潰呢！

以筆者的看法，西方的哲學，卽使是存在主義，如果希望能眞正解西方人心之倒懸的話，還必須突破那個孤立的存在，從人倫的關係上去實現自我。耶士培曾說：

「今天我們的任務是在本身中找出一種理性的新基礎。」（中譯危機時代的哲學三一一頁）

無論耶士培對這個「理性的新基礎」的構想如何（註一七），我們相信存在主義，或其他各派學說，如果能夠深入的去接觸到中庸的心性問題，能夠切實的去把握中庸誠者自成和成物的眞義，藉此以了解儒家內聖外王之道的眞精神，則不僅對他們自己的思想會有新的靈感；而且對整個西方哲學的發展，也可能會有新的貢獻。

㈣我們的努力和希望

今天我們談西方文化的危機，並非隔岸觀火，因爲西方燃眉之急的文化大刼，如果我們不預先加以防範的話，很快地便會燒到了我們的眉頭。國父孫中山先生早就有先見之明，在介紹西方的科學和民主時，更特別強調固有的道德，和傳統的文化，這無非爲了使我們在將來迎頭趕上歐美之後，不再感染上他們的流弊。現在 總統蔣公更積極推行文化復興運動，並特別強調「科學的學庸」。也無非希望我們能發揚傳統的美德，在這次山雨欲來的文化大刼中，能屹立不動。

不過今天的問題是世界性的，我們復興文化的目標，決不能只限於自己，而應推展到西方去，因為如果只限於自己的話，那麼，我們一面在努力復興，而西方的邪風又一面在腐蝕我們的青年。這樣，道高一尺，魔高一丈，遲早，我們也會受到波連，而無法自保的。

如今，自救救人之道，就是一面復興儒家思想，一面把儒家思想播種到西方文化上去，而在儒家思想中，能夠針對今天糾纏百結的問題，使其迎刄而解的最有效原理，就是中庸之道（註一八）。

不過中庸之道的運用，存乎一個誠字，不誠便不「中」，不誠便不「和」，不誠也不能「庸」，本文不僅在第三章中，特別說明誠字在中庸上的地位，而且在其餘各章中都一再強調這個誠字的意義和作用。因此在我們復興文化上，要切切實實的把握這個誠字，對內修己，對外待人，要本於誠；無形的思想，有形的行為，要本於誠。唯有這誠，才能使人我溝通，知行合一，也才能使一切的道德有實踐的動力，不致流於虛文。所以誠是我們復興文化的基礎。

筆者在前面曾指出中庸作者把這個誠字提昇入形而上，以貫天人，通內外。現在我們發揚中庸的思想，更應把這個誠字貢獻給西方人士，以溝通西方人在形上形下之間的割裂，知識與道德之間的脫節，個人和社會之間的衝突。使他們能透過誠字，去了解天道的生生不已，而創造一種有生命，有價值的宇宙觀，使他們能透過誠字，去了解人性的至善至美，而創造一種向上的，向善的人生觀。使他們能透過誠字，去了解對政治、經濟、教育等問題的態度，必須在事上把握中道，在心上本於至誠，否則一有偏差，全盤皆錯，一有偏見，便足以危害人類。使他們能透過誠字，去了解儒家天人合一，和內聖外王之道，再進一步，運用中國聖哲的智慧，以解決他們當前所遭遇的難題。如果能達到這一理想，不禁我國的思想可以在西方文化中生根，而且人類文化的前途也勢必能轉暴戾為祥和了。

註一　胡適博士「再論信心與反省」：

「我十分誠摯的對全國人說：我們今日還要反省，還要閉門思過，還要認清祖宗和我們自己的罪孽深重，決不是這樣淺薄的『與歐、美文化接觸』就可以脫胎換骨的。我們要認清那個容忍擁戴『小脚、八股、太監、姨太太、駢文、律詩、五世同居的大家庭，貞節牌坊，地獄的監牢、夾棍板子的法庭』到幾千幾百年之久的固有文化，是不足迷戀的，是不能引我們向上的」。

註二　陳序經先生「全盤西化的理由」

「若把政治教育以及他方面的情況來和西洋比較，我們實在說不出來。我們要和西洋比較科學嗎？交通？出版物嗎？其實連了所謂禮教之邦的中國道德，一和西洋道德比較起來，也只有愧色。所以西洋文化之優於中國，不但只有歷史上的證明，就是從文化成分的各方面來看，也是一樣。應該全盤接受西洋文化的第一個理由，略如上說。現在可以解釋第二個理由。西洋文化是世界文化的趨勢。質言之：西洋文化在今日，就是世界文化。我們不要在這個世界生活則已，要是要了，則除了去適應這種趨勢外，只有束手待斃。我們試想，設使我們而始終像王壬秋、義和團那樣頑固，現在中國又要怎麼樣呢？」

註三 梁漱溟先生「東西文化及其哲學」：

「我們推測的世界未來文化既如上說，那麼我們中國人現在應持的態度是怎樣才對呢？對於這三態度何取何舍呢？我可以說：

第一：要排斥印度的態度，絲毫不能容留；

第二：對西方文化是全盤承受，而根本改過，就是對其態度要改一改；

第三：批評的把中國原來態度重新拿出來。」

註四 王新命，何炳松等十位教授「中國本位的文化建設宣言」：

「徒然讚美古代的中國制度思想，是無用的；徒然詛咒古代的中國制度思想，也一樣無用；必需把過去的一切，加以檢討，存其所當存，去其所當去。其可讚美的良好制度，偉大思想，當竭力爲之發揚光大，以貢獻於全世界；而可詛咒的不良制度，卑劣思想，則當淘汰務盡，無所吝惜。

吸收歐美的文化，是必要而且應該的。但須吸收其所當吸收，而不應以全盤承受的態度，連渣滓都吸收過來。吸收的標準，當決定於現代中國的需要。」

註五 顧師季高教授在「中國文化及其精神」一文中曾列舉西方學者對文化危機的看法說：

「自十九世紀中葉以降，西方學者中痛論西方文化之偏鋒進展而逐漸走向衰落或甚至毀滅之路途者，為數甚多。我等不需討論別有懷抱之馬克斯主義者之議論，然與馬氏同時之契克伽特 Kierkegaard 之批評當時知識份子之重視抽象的智力，而不知人之所以為人，以及高呼上帝業經死亡與以超人代替宗教之尼采則顯明的成為今日世界現狀之預言家。爾後如俄國之托爾斯泰及朶斯夫斯基，美國之亞當斯兄弟等，均能預見現代虛無主義唯物信仰之危機。一九一三至廿二年間德國之斯賓格勒認文明有如有機的生物，有生老病死之現象而預言西方文明之沒落。史學家湯恩比，社會學者索羅金，與哲學家許維州、馬塞爾、卜不爾、馬理唐、薩特爾、耶士培等人，文學家克勒區，粵佛及福爾斯忒，原為共產黨人而其後悔悟之作家柯斯忒勒與西龍，經濟學者儒伯克及海約克，乃至銀行家瓦卜格等人，自二十年代起直至最近，紛紛撰文著書，指出西方文明危機之嚴重性。就中有用類比方法者，有用演繹方法者，有用歸納乃至統計方法者。雖方法不同，但結論大致相彷。」（中西文化論集四六五頁）

並在「論中國文化精神與當前世界危機」（載東西文化第七期）一文裡指出近人如德國瓜迪尼神父（Fr. Roman Guardini），法國學者柏南諾（Bernanos），美國學者孟復德（Lewis Mumford），美微生物學家杜波斯（Rene Dubos），美國學者西登柏（P. Seidenberg），美專欄作家芮斯吞（J. Reston）等人都一致認為二十世紀的人類，不是為科學技術所征服，在沒有青山綠水的世界中，過着枯燥無味的生活；便是受蘇俄獨裁政治的摧殘，或美國富豪民主政治的約束，變為消極的、無目標的、無人性的動物。

註六　劉述先先生「新時代哲學的信念與方法」

「依邏輯實徵論的發展，哲學的外表雖似紮實，而終將淪入另一類的象牙塔之中，與活潑的宇宙人生問題失卻關聯，成爲少數專家學者的『理智遊戲』而已。它把哲學比同之於科學的結果將會癱瘓了哲學自身的主要機能，我們雖然承認，方法論與語意學的探究有它的重要性，但若未來的哲學無條件地走上這一條路，卻當爲有識之士所懼。」

註七　正如勞思光教授在「存在主義哲學」一書中說：

「海湼曼說：他們（指存在主義）所要的只是解放，而非解脫，他們所講的存在哲學，只是關於（Liberation）的哲學，而不是關於（Freedom）的哲學，倘若再深一層說，則我想指出，存在主義者所以不能眞正接觸最高自由之境，是因爲他們所把握的只是一個情意我；他們只體悟到情意的主體，並未能透顯德性的主體；而且爲了要使情意主體顯出，有時候，他們還犧牲了智性主體。因此，存在主義的哲學，終竟只見『情』而不見『理』。」（存在主義哲學一九九頁）

註八　方東美博士「科學哲學與人生」第二章：

「怎叫做物格化的宇宙觀呢？希臘初期的哲學家從事研究宇宙之形態，每把它當作一件東西看待，一件東西存在的樣法卽是宇宙的樣法，因此他們解釋宇宙宛如解釋具體的物象一般」。

註九　方東美博士「科學哲學與人生」第二章：「宇宙各部之運行，無處不顯示神的因果系統，崇高的天神乃是管鑰宇宙的第一原理，事事物物都仰望於他，蘄向於他，歸宿於他，以求達到最後的完成，蘇格拉底始創這種目的的惟神論，柏拉圖繼起，發揮而光大之，亞里士多德乃更網羅舊聞，就物格化的宇宙觀原有的間架上敷陳一種嚴重的宗教色彩，遂成就了天人同性的宇宙觀。」

其實這種神格化的宇宙觀不僅成於蘇氏師徒三人，而且大盛於中世紀，甚之後來的笛卡爾，康德等人，也跳不出這個範圍。

註一〇　宋元學案濂溪學案附錄：

「周茂叔窗前草不除去，問之，云：『與自家意思一般。』」

註一一　西方人好勇，似乎是由於天性，像蘇格拉底曾在雪天，赤足單衣而行，便可見一斑。至於今天西方人的好賽車，跑馬，以冒險爲樂，都是天性的流露。雖然我們的古人也重視勇，但卻是智仁勇連言，卻有南北，大小之分。孔子便一再責備子路之好勇，孟子也勸人明哲保身，可見我們的勇是出於道德，而西方人的勇卻多半出於天性。

註一二　西方人似乎都是向外爭取自由，譬如受到政治的壓制，便要爭取政治上的自由，受到宗教的約束。便要爭取宗教上的自由。而中國人自古以來在政治、宗教兩方面並沒有過份受拘束，所以不太向這方面爭取。我們所注意的乃是精神的自由，如道家的逍遙。佛家的解脫。

註一三　吳德生博士「禪學的黃金時代」第十四章：

「在這混亂的時代中，有一本發人深省，極有意義的書，就是高漢（Dom Aelred Graham）的『禪的天主教義』。作者認爲禪的精神是讓上帝自演（Letting God Play），而不要導演上帝（Play-ing God）。他極爲深刻的說：『悟是自我意識的消失，無我意識的完成，使我們不再導演上帝，而讓上帝自演。』」

註一四　筆者寫畢本文後，在無意間翻到「孔子研究集」中選錄謝幼偉教授「孝在中國文化上之地位」一文，其中有一大段話和筆者的看法不謀而合，現引錄如下：

「希臘文化與希伯來文化，雖極不同，然不同中，卻有一共同點。這共同點就是忽視孝或忽視內發之愛，希伯來文化不重視父母妻子之愛，在耶穌聖經上，明有所言。如曰：『我非爲人世送和平來，將送一刀來，我將分子疏其父，女疏其母，媳疏其姑，而視其家人如仇，彼愛父母勝於愛我者，非吾徒也。』（怡按：禪宗也有逢父母殺父母之說）。像這樣的話，顯然是和孝的倫理相反。……至低限度，人類的內發之愛，或愛根，是西方文化所忽視的。忽視了愛根，基督教的博愛，遂變爲無本的，不能充分發展其効能。蓋不先教人愛父母，而教人愛上帝，愛人類，這在想像力薄弱的人，是很難理解的。……結果，西方社會表面雖言博愛，實際則以利爲基礎。雖父子、兄弟、夫婦之間，亦斤斤言利。利害苟有衝突，不恥相見於法庭，人與人間之相視，各爲互利的工具。家庭之團結以利，國家與國家之團結以利，利盡則彼此相棄如敝屣。這不是今日西方社會的實況嗎？爲對治西方社會這一病態，中國孝的倫理，便有被重視的必要了。」

註一五 謝幼偉教授說：

「我們必須明瞭蘇格拉底之所謂知識，或非普通人之所謂知識，偶得而偶失者，而是從知識的最高意義而言。這種最高的知識，乃人類從深思而得的堅強的信仰，不得則已，得即成爲其生活之一部。」

（西洋哲學史第十章六九頁）

註一六 正如德國存在主義哲學家耶士培所謂：

「哲學的目的永遠在於達成人作爲個人的獨立性。人藉着與眞正的『有』建立一種關係而得到這個獨立性。人藉着他對超越體的連繫之深度而得到這個世界上發生的每一件事物的獨立性。老子在道中所

發現的，蘇格拉底在神聖使命和在知識中所發現的……都是使他們獨立的東西。」（中譯危機時代的哲學三一〇頁）

註一七　勞思光先生「存在主義哲學」第四章：

「在一九五〇年，亞斯培在『我們時代中的理性與反理性』一書中，作了一個驚人的表示，表示他要放棄『存在哲學』的頭銜而要作一個『理性哲學家』了。……但亞斯培所說的理性是什麼呢？他從康德之說，把理性與理解分開，但分法不同，也沒那樣明確，亞斯培用『理解』是指對象化的解悟，以孤立的可知爲助。而他所謂『理性』是指未對象化的『理解』；這也是說，理解的『對象化』的特性一經抽去，便成爲理性。理性與理解之分別只在於一個對象化成分，一個不對象化。亞斯培說，理性是對任何東西，任何可能—包括存有空虛—的反應中之自覺。理性是我們思想的動力，是一切界域的經驗，與絕對的涵攝者之間的連結，也是一切對立與矛盾間的連結。理性要把這些都收入一個統一體中。這是亞斯培在論眞理一書中也說過的。」

註一八　顧師季高教授在「中國文化及其精神」中曾強調中庸之道說：

「李氏（按：指英學者李約瑟）爲一生物化學權威學者，同時亦爲對中國學術愛好者，伊對中庸中所稱道之『誠』，認爲實能表現西方現代之機體主義哲學之原理，對中庸第二十六章討論天道之文曾迭加引用。本人五年前在本院講演中，以及去歲在美國講演中（論西方科學與中國文化），亦曾指出中國儒家對『內部自動安定』之重視。據個人私見，當前人類正在十字街頭徘徊不定。西方擁有實力之國家，如不能實行王道政治，及以天理爲人心之準則，以道德倫常約束對經濟的開發，科學與技術之利用，並贊助我國收復大陸重建中華，而任令目前局勢延長下去，則全球人類均將遭禍害，而匪僅中國文化獨遭毛匪摧殘而已也。」（中西文化論集四八六頁）

陳立夫博士在「中西文化之異同及中國文化之如何復興。」一文中也強調中庸之道說：

「資本主義與共產主義之病在各走極端，不合『中庸之道』。前者太重個人之自由，太重視金錢與武力，一旦宗教信仰因科學發展太速而呈低落，物質與精神將失其平衡。加以奢侈與縱慾，將更加速文化沒落之危機。後者太重視物質、武力、與組織，爾虞我詐，不以爲恥。加以干涉人民信仰，使人民生而乏味，安能求經濟之繁榮？整個國家實爲一大監獄而已，有何文化可言。資本主義爲富不仁，共產主義則暴而不仁，宗教信仰消失則無『誠』，不中不仁不誠，人道之存也幾希。」（中西文化論集五一〇頁）

這些都是有識人士的共同呼聲。他們都感覺到今天能救西方文化燃眉之急的，只有中庸之道。

參考書目（以本文所引證者爲限）

1. 史記　司馬遷著　藝文印書館
2. 漢書　班　固著　藝文印書館
3. 十五經古注易讀　永康出版社
4. 通志堂經解　徐乾學輯　大通書局
5. 宋元學案（重編）　李心莊編　正中書局
6. 明儒學案（重編）　李心莊編　正中書局
7. 景德傳燈錄、　釋道原編　眞善美出版社
8. 指月錄　瞿汝稷編　遠東書報社
9. 五燈會元　釋普濟　廣文書局
10 近思錄集解　張伯行編　世界書局
11 詩經集註　朱熹注　新陸書局
12 書經集註　蔡沈注　新陸書局
13 易經集註　朱熹注　新陸書局
14 四書集註　朱熹注　新陸書局
15 尚書釋義　屈萬里著　中華文化出版社

16 論語新解 錢穆著 商務印書館
17 四書道貫 陳立夫著 世界書局
18 科學的學庸 蔣中正著
19 大學中庸今釋 陳槃著 正中書局
20 中庸直指 釋德清著 香港佛經流通處
21 老子正詁 高亨注 開明書局
22 莊子纂箋 錢穆著 世界書局
23 荀子集解 楊倞著 新興書局
24 墨子閒詁 孫詒讓撰 世界書局
25 韓非子集解 王先愼撰 世界書局
26 六祖壇經註解 釋智海編 慶芳書局
27 張子正蒙註 王夫之注 世界書局
28 朱子語類 張伯行輯訂 商務印書館
29 陸象山全集 陸象山著 世界書局
30 王陽明全集 王陽明著 正中書局
31 北溪字義 陳淳著 世界書局
32 考信錄 崔述著 世界書局

33 新唯識論 熊十力著 廣文書局
34 讀經示要 熊十力著 廣文書局
35 心體與性體 牟宗三著 正中書局
36 中國哲學原論 唐君毅著 人生出版社
37 禪學的黃金時代 吳經熊著吳怡譯 商務印書館
38 朱子及其哲學 范壽康著 開明書店
39 孔孟荀哲學 吳康著 商務印書館
40 宋明理學 吳康著 華國出版社
41 禪與道概論 南懷瑾著 眞善美出版社
42 禮學新探 高明著
43 老莊研究 嚴靈峯著 中華書局
44 中國思想史論集 徐復觀著 商務印書館
45 中國思想史論集 徐復觀著 中央書局
46 中國哲學史 馮友蘭著
47 中國古代哲學史 胡適著 商務印書館
48 中國宗教思想史大綱 王治心著 中華書局
49 中國中古哲學史要 韓逋仙著 正中書局

50 禪與老莊　吳怡著　三民書局
51 憨山大師年譜疏註　福徵述疏　眞善美出版社
52 孔子研究集　中華叢書編　臺灣書局
53 孟子研究集　中華叢書編　臺灣書局
54 中西文化論集　中華大典　華岡書局
55 科學哲學與人生　方東美著　虹橋書局
56 西洋哲學史　謝幼偉著　人生出版社
57 東西文化及其哲學　梁漱溟著　虹橋書局
58 胡適與中西文化　胡適等著　水牛出版社
59 新時代哲學的信念與方法　劉述先著　商務印書館
60 文明的衰敗和復興　史懷哲著·劉述先譯　中央書局
61 存在主義哲學　勞思光著　亞洲出版社
62 危機時代的哲學　徐高阮等譯　幼獅書局
63 The Crisis of Our Age　P.A. Soro Kin
64 Silent SPring　Rochel Carson

滄海叢刊書目

國學類	
中國學術思想史論叢(一)~(八)	錢　穆　著
現代中國學術論衡	錢　穆　著
兩漢經學今古文平議	錢　穆　著
宋代理學三書隨劄	錢　穆　著
先秦諸子繫年	錢　穆　著
朱子學提綱	錢　穆　著
莊子纂箋	錢　穆　著
論語新解	錢　穆　著
哲學類	
文化哲學講錄(一)~(五)	鄔昆如　著
哲學十大問題	鄔昆如　著
哲學的智慧與歷史的聰明	何秀煌　著
文化、哲學與方法	何秀煌　著
哲學與思想	王曉波　著
內心悅樂之源泉	吳經熊　著
知識、理性與生命	孫寶琛　著
語言哲學	劉福增　著
哲學演講錄	吳　怡　著
後設倫理學之基本問題	黃慧英　著
日本近代哲學思想史	江日新　譯
比較哲學與文化(一)(二)	吳　森　著
從西方哲學到禪佛教——哲學與宗教一集	傅偉勳　著
批判的繼承與創造的發展——哲學與宗教二集	傅偉勳　著
「文化中國」與中國文化——哲學與宗教三集	傅偉勳　著
從創造的詮釋學到大乘佛學——哲學與宗教四集	傅偉勳　著
中國哲學與懷德海	東海大學哲學研究所主編
人生十論	錢　穆　著
湖上閒思錄	錢　穆　著
晚學盲言(上)(下)	錢　穆　著
愛的哲學	蘇昌美　著
是與非	張身華　譯
邁向未來的哲學思考	項退結　著

現代藝術哲學	孫　旗　譯
現代美學及其他	趙天儀　著
中國現代化的哲學省思	成中英　著
不以規矩不能成方圓	劉君燦　著
恕道與大同	張起鈞　著
現代存在思想家	項退結　著
中國思想通俗講話	錢　穆　著
中國哲學史話	吳怡、張起鈞　著
中國百位哲學家	黎建球　著
中國人的路	項退結　著
中國哲學之路	項退結　著
中國人性論	臺大哲學系主編
中國管理哲學	曾仕強　著
孔子學說探微	林義正　著
心學的現代詮釋	姜允明　著
中庸誠的哲學	吳　怡　著
中庸形上思想	高柏園　著
儒學的常與變	蔡仁厚　著
智慧的老子	張起鈞　著
老子的哲學	王邦雄　著
逍遙的莊子	吳　怡　著
莊子新注（內篇）	陳冠學　著
莊子的生命哲學	葉海煙　著
墨家的哲學方法	鐘友聯　著
韓非子析論	謝雲飛　著
韓非子的哲學	王邦雄　著
法家哲學	姚蒸民　著
中國法家哲學	王讚源　著
二程學管見	張永儁　著
王陽明——中國十六世紀的唯心主義哲學家	張君勱原著、江日新中譯
王船山人性史哲學之研究	林安梧　著
西洋百位哲學家	鄔昆如　著
西洋哲學十二講	鄔昆如　著
希臘哲學趣談	鄔昆如　著
近代哲學趣談	鄔昆如　著
現代哲學述評(一)	傅佩榮編譯

當代西方哲學與方法論	臺大哲學系主編
人性尊嚴的存在背景	項退結編著
理解的命運	殷　鼎　著
馬克斯·謝勒三論	阿弗德·休慈原著、江日新譯
懷海德哲學	楊士毅著
洛克悟性哲學	蔡信安著
伽利略·波柏·科學說明	林正弘著
宗教類	
天人之際	李杏邨著
佛學研究	周中一著
佛學思想新論	楊惠南著
現代佛學原理	鄭金德著
絕對與圓融——佛教思想論集	霍韜晦著
佛學研究指南	關世謙譯
當代學人談佛教	楊惠南編著
從傳統到現代——佛教倫理與現代社會	傅偉勳主編
簡明佛學概論	于凌波著
圓滿生命的實現（布施波羅密）	陳柏達著
薝蔔林·外集	陳慧劍著
維摩詰經今譯	陳慧劍譯註
龍樹與中觀哲學	楊惠南著
公案禪語	吳　怡　著
禪學講話	芝峯法師譯
禪骨詩心集	巴壺天著
中國禪宗史	關世謙著
魏晉南北朝時期的道教	湯一介著
社會科學類	
憲法論叢	鄭彥棻著
憲法論衡	荊知仁著
國家論	薩孟武譯
中國歷代政治得失	錢　穆　著
先秦政治思想史	梁啟超原著、賈馥茗標點
當代中國與民主	周陽山著
釣魚政治學	鄭赤琰著
政治與文化	吳俊才著
中國現代軍事史	劉　馥著、梅寅生譯
世界局勢與中國文化	錢　穆　著

中華文化十二講	錢　　穆　著
民族與文化	錢　　穆　著
楚文化研究	文崇一　著
中國古文化	文崇一　著
社會、文化和知識分子	葉啟政　著
儒學傳統與文化創新	黃俊傑　著
歷史轉捩點上的反思	韋政通　著
中國人的價值觀	文崇一　著
紅樓夢與中國舊家庭	薩孟武　著
社會學與中國研究	蔡文輝　著
比較社會學	蔡文輝　著
我國社會的變遷與發展	朱岑樓主編
三十年來我國人文社會科學之回顧與展望	賴澤涵　編
社會學的滋味	蕭新煌　著
臺灣的社區權力結構	文崇一　著
臺灣居民的休閒生活	文崇一　著
臺灣的工業化與社會變遷	文崇一　著
臺灣社會的變遷與秩序(政治篇)(社會文化篇)	文崇一　著
臺灣的社會發展	席汝楫　著
透視大陸	政治大學新聞研究所主編
海峽兩岸社會之比較	蔡文輝　著
印度文化十八篇	糜文開　著
美國的公民教育	陳光輝　譯
美國社會與美國華僑	蔡文輝　著
文化與教育	錢　　穆　著
開放社會的教育	葉學志　著
經營力的時代	青野豐作著、白龍芽　譯
大眾傳播的挑戰	石永貴　著
傳播研究補白	彭家發　著
「時代」的經驗	汪琪、彭家發　著
書法心理學	高尚仁　著

史地類

古史地理論叢	錢　　穆　著
歷史與文化論叢	錢　　穆　著
中國史學發微	錢　　穆　著
中國歷史研究法	錢　　穆　著
中國歷史精神	錢　　穆　著

國史新論	錢穆 著
秦漢史	錢穆 著
秦漢史論稿	邢義田 著
與西方史家論中國史學	杜維運 著
中西古代史學比較	杜維運 著
中國人的故事	夏雨人 著
明朝酒文化	王春瑜 著
共產國際與中國革命	郭恒鈺 著
抗日戰史論集	劉鳳翰 著
盧溝橋事變	李雲漢 著
老臺灣	陳冠學 著
臺灣史與臺灣人	王曉波 著
變調的馬賽曲	蔡百銓 譯
黃帝	錢穆 著
孔子傳	錢穆 著
唐玄奘三藏傳史彙編	釋光中 編
一顆永不殞落的巨星	釋光中 著
當代佛門人物	陳慧劍編著
弘一大師傳	陳慧劍 著
杜魚庵學佛荒史	陳慧劍 著
蘇曼殊大師新傳	劉心皇 著
近代中國人物漫譚・續集	王覺源 著
魯迅這個人	劉心皇 著
三十年代作家論・續集	姜穆 著
沈從文傳	凌宇 著
當代臺灣作家論	何欣 著
師友風義	鄭彥棻 著
見賢集	鄭彥棻 著
懷聖集	鄭彥棻 著
我是依然苦鬥人	毛振翔 著
八十憶雙親、師友雜憶（合刊）	錢穆 著
新亞遺鐸	錢穆 著
困勉強狷八十年	陶百川 著
我的創造・倡建與服務	陳立夫 著
我生之旅	方治 著
語文類	
中國文字學	潘重規 著

中國聲韻學	潘重規、陳紹棠 著
訓詁通論	吳孟復 著
翻譯新語	黃文範 著
詩經研讀指導	裴普賢 著
陶淵明評論	李辰冬 著
鍾嶸詩歌美學	羅立乾 著
杜甫作品繫年	李辰冬 著
杜詩品評	楊慧傑 著
詩中的李白	楊慧傑 著
司空圖新論	王潤華 著
詩情與幽境——唐代文人的園林生活	侯迺慧 著
唐宋詩詞選——詩選之部	巴壺天 編
唐宋詩詞選——詞選之部	巴壺天 編
四說論叢	羅盤 著
紅樓夢與中華文化	周汝昌 著
中國文學論叢	錢穆 著
品詩吟詩	邱燮友 著
談詩錄	方祖燊 著
情趣詩話	楊光治 著
歌鼓湘靈——楚詩詞藝術欣賞	李元洛 著
中國文學鑑賞舉隅	黃慶萱、許家鶯 著
中國文學縱橫論	黃維樑 著
蘇忍尼辛選集	劉安雲 譯
1984	GEORGE ORWELL原著、劉紹銘 譯
文學原理	趙滋蕃 著
文學欣賞的靈魂	劉述先 著
小說創作論	羅盤 著
借鏡與類比	何冠驥 著
鏡花水月	陳國球 著
文學因緣	鄭樹森 著
中西文學關係研究	王潤華 著
從比較神話到文學	古添洪、陳慧樺主編
神話卽文學	陳炳良等譯
現代散文新風貌	楊昌年 著
現代散文欣賞	鄭明娳 著
世界短篇文學名著欣賞	蕭傳文 著
細讀現代小說	張素貞 著

現代詩學	蕭蕭著
詩美學	李元洛著
詩學析論	張春榮著
橫看成嶺側成峯	文曉村著
大陸文藝論衡	周玉山著
大陸當代文學掃瞄	葉穉英著
走出傷痕——大陸新時期小說探論	張子樟著
兒童文學	葉詠琍著
兒童成長與文學	葉詠琍著
增訂江皋集	吳俊升著
野草詞總集	韋瀚章著
李韶歌詞集	李韶著
石頭的研究	戴天著
留不住的航渡	葉維廉著
三十年詩	葉維廉著
讀書與生活	琦君著
城市筆記	也斯著
歐羅巴的蘆笛	葉維廉著
一個中國的海	葉維廉著
尋索：藝術與人生	葉維廉著
山外有山	李英豪著
葫蘆・再見	鄭明娳著
一縷新綠	柴扉著
吳煦斌小說集	吳煦斌著
日本歷史之旅	李希聖著
鼓瑟集	幼柏著
耕心散文集	耕心著
女兵自傳	謝冰瑩著
抗戰日記	謝冰瑩著
給青年朋友的信(上)(下)	謝冰瑩著
冰瑩書柬	謝冰瑩著
我在日本	謝冰瑩著
人生小語(一)～(四)	何秀煌著
記憶裏有一個小窗	何秀煌著
文學之旅	蕭傳文著
文學邊緣	周玉山著
種子落地	葉海煙著

向未來交卷	葉海煙 著
不拿耳朶當眼睛	王讚源 著
古厝懷思	張文貫 著
關心茶——中國哲學的心	吳怡 著
放眼天下	陳新雄 著
生活健康	卜鍾元 著
美術類	
樂圃長春	黃友棣 著
樂苑春回	黃友棣 著
樂風泱泱	黃友棣 著
談音論樂	林聲翕 著
戲劇編寫法	方寸 著
戲劇藝術之發展及其原理	趙如琳譯著
與當代藝術家的對話	葉維廉 著
藝術的興味	吳道文 著
根源之美	莊申 著
中國扇史	莊申 著
立體造型基本設計	張長傑 著
工藝材料	李鈞棫 著
裝飾工藝	張長傑 著
人體工學與安全	劉其偉 著
現代工藝概論	張長傑 著
色彩基礎	何耀宗 著
都市計畫概論	王紀鯤 著
建築基本畫	陳榮美、楊麗黛 著
建築鋼屋架結構設計	王萬雄 著
室內環境設計	李琬琬 著
雕塑技法	何恆雄 著
生命的倒影	侯淑姿 著
文物之美——與專業攝影技術	林傑人 著